骨干院校建设项目成果教材

高尔夫俱乐部产品营销

董德杰　主编

人民体育出版社

辽宁职业学院国家骨干高职院校项目教材建设委员会

主　任　　王丽桥　　张立华

副主任　　潘国才　　苏允平　　左广成　　李卉敏

委　员　　（按姓氏笔画为序）

卜春华	于　伟	马国良	马爱民	井大军
王业刚	王晓俊	王铁成	卢洪军	刘士新
刘志刚	刘晓峰	孙　智	孙佳妮	曲长龙
曲明江	池秋萍	许　静	吴会昌	张　玲
张　博	张义斌	李　刚	李　颖	李凤光
李东波	杨　明	林晓峰	赵学玮	高仁松
高洪一	黄文峰	魏劲男	魏忠发	

《高尔夫俱乐部产品营销》编写组

主　　编　董德杰

副 主 编　魏忠发　安铁民　曲明江

参编人员　陈云筠　王　昊　宋　非

序

《国务院关于加快发展现代职业教育的决定》（国发〔2014〕19号）中提出加快构建现代职业教育体系，随后下发的国家现代职业教育体系建设规划（2014—2020年）明确提出建立产业技术进步驱动课程改革机制，按照科技发展水平和职业资格标准设计课程结构和内容，通过用人单位直接参与课程设计、评价和国际先进课程的引进，提高职业教育对技术进步的反应速度，到2020年，基本形成对接紧密、特色鲜明、动态调整的职业教育课程体系；建立真实应用驱动教学改革机制，推动教学内容改革，按照企业真实的技术和装备水平设计理论、技术和实训课程；推动教学流程改革，依据生产服务的真实业务流程设计教学空间和课程模块；推动教学方法改革，通过真实案例、真实项目激发学习者的学习兴趣、探究兴趣和职业兴趣，这为国家骨干高职院校课程建设提供了指针。

辽宁职业学院经过近十年来高职教育改革、建设与发展，特别是近三年国家骨干校建设，创新"校企共育，德技双馨"的人才培养模式，提升了教师教育教学能力，在课程建设尤其是教材建设方面成效显著。学院本着"专业设置与产业需求对接、课程内容与职业标准对接、教学过程与生产过程对接"的原则，以学生职业能力和职业素质培养为主线，以工作过程为导向，以典型工作任务和生产项目为载体，立足岗位工作实际，在认真总结、汲取国内外经验的基础上开发优质核心课程特色系列教材，体现出如下特点。

1. 教材开发多元合作。发挥辽西北职教联盟政、行、企、校、研五方联动优势，聘请联盟内专家、一线技术人员参与，组织学术水平较高、教学经验丰富的教师在广泛调研的基础上共同开发教材。

2. 教材内容先进实用。涵盖各专业最新理念和最新企业案例，融合最新课程建设研究成果，且注重体现课程标准要求，使教材内容在突出培养学生岗位能力方面具有很强的实用性。

3. 教材体例新颖活泼。在版式设计、内容表现等方面，针对高职学生特点做了精心灵活设计，力求激发学生多样化学习兴趣。使本系列教材不仅适用于高职教学，也适用于各类相关专业培训，通用性强。

国家骨干高职院校建设成果——优质核心课程系列特色教材现已全部编印并投入使用，其中凝聚了行、企、校开发人员的智慧与心血，凝聚了出版界的关心关爱。希望该系列教材的出版能发挥示范引领作用，辐射、带动同类高职院校的课程改革、建设。

由于在有限的时间内处理海量的相关资源，教材开发过程中难免存在不尽如人意之处，真诚希望同行与教材的使用者多提宝贵意见。

2014 年 7 月于辽宁职业学院

前　言

《高尔夫俱乐部产品营销》是国家骨干校重点建设专业——高尔夫俱乐部商务管理专业校企合作、工学结合特色教材之一。

本书在教育部"提高教学质量，推进工学结合，以就业为导向"的要求下，根据高尔夫专业学生学习特点，在编写过程中更加注重理论与实践的有效结合，力图在理论和实践之间架起一座桥梁，使高职高专高尔夫专业学生易于掌握、易于实践。从而达到使学生能够掌握高尔夫俱乐部产品策划方案的制定、俱乐部产品销售方法与技巧、客户服务方法的教学目的。本书的出版对高尔夫专业学生掌握高尔夫俱乐部产品营销知识技能、提高综合素质、顺利就业具有积极意义。

本书共分为3个单元、8个模块、13个项目，32个任务，借助于工作情景、学习目标、总结与回顾、实训练习等形式，形成了一个比较完整、实践性强且与高尔夫俱乐部产品营销岗位紧密结合的理论体系与操作过程。

本书工作情景真实、学习目标明确、实训操作切实可行、职业知识丰富、案例翔实，集合了市场策划、销售技巧、客户服务等功能角色为一体，既可作为高职高专高尔夫专业的教学用书，也可作为高尔夫俱乐部营销人员的培训教材，还可作为高尔夫俱乐部营销人员和管理人员的自学用书。

本书由董德杰确定教材编写体例及总体设计并负责第一单元、第二单元、第三单元模块二的编写；铁岭龙山国际高尔夫俱乐部的副总经理曲明江负责第三单元模块一的编写，参与了第二单元模块一的编写；魏忠发负责第一单元、第二单元内容审核；安铁民负责第三单元内容审核；陈云筠负责版面设计，王昊、宋非负责文字排版和文字校对工作。

在编写本书的过程中，编者参阅了大量国内外同类教材和专家学者的研究成果，也采纳了许多专业网站、个人博客的新知灼见，在此表示感谢！同时，在本书的编写过程中，得到了高尔夫学院领导、教师，铁岭龙山国际高尔夫俱乐部及江西恒大高尔夫俱乐部的大力支持和帮助，尤其是江西恒大体育公园总经理崔明的大力帮助，在此一并致以由衷的感谢！

尽管在本书的编写中，我们一直在努力探索与高职高专院校工学结合的人才培养模式并以此来设计本书内容，但限于编者水平有限且编写时间紧迫，本书还有许多不成熟的地方，恳请同行及读者批评指正。

编　者

2014 年 7 月

目 录

第一单元 高尔夫市场营销部岗位认知 （1）

模块一 高尔夫市场策划岗位认知 （3）
项　　目 高尔夫市场策划专员岗位认知 （3）
任务一 了解高尔夫策划专员应具备的职业素质 （4）
任务二 认识高尔夫市场策划岗位的构成与职责 （8）

模块二 高尔夫客户销售专员岗位认知 （15）
项　　目 高尔夫客户销售专员岗位认知 （15）
任务一 了解高尔夫市场销售专员应具备的职业素质 （17）
任务二 认识高尔夫市场销售岗位的构成与职责 （26）

模块三 高尔夫客户服务工作岗位认知 （31）
项　　目 高尔夫客户服务专员岗位认知 （31）
任务一 了解高尔夫客户服务专员应具备的职业素质 （33）
任务二 认识高尔夫客户服务岗位的构成与职责 （38）

第二单元 高尔夫市场营销部岗位实践 （45）

模块一 高尔夫俱乐部产品策划 （46）
项目一 市场调查 （46）
任务一 高尔夫市场调查 （48）
任务二 撰写市场调查报告 （55）
项目二 高尔夫目标市场的选择与定位 （59）
任务一 高尔夫目标市场的选择 （61）
任务二 高尔夫目标市场的定位 （64）
项目三 产品策划 （68）

任务一　分析高尔夫会籍产品 …………………………………（69）
　　任务二　高尔夫新会籍产品的开发 …………………………………（77）
　项目四　产品定价策划 …………………………………………………（84）
　　任　务　产品定价策划 …………………………………………（85）
　项目五　会籍产品分销渠道策划 ……………………………………（91）
　　任　务　会籍产品分销渠道策划 ………………………………（92）
　模块二　高尔夫俱乐部产品销售 ……………………………………（94）
　项目一　销售工作准备 …………………………………………………（94）
　　任务一　认识高尔夫会籍 ………………………………………（96）
　　任务二　寻找目标客户 …………………………………………（102）
　　任务三　制定拜访计划 …………………………………………（108）
　　任务四　预约客户 ………………………………………………（114）
　项目二　实施销售活动 …………………………………………………（118）
　　任务一　掌握接近客户的方法 …………………………………（120）
　　任务二　销售拜访 ………………………………………………（128）
　　任务三　挖掘客户需求 …………………………………………（136）
　　任务四　产品介绍 ………………………………………………（147）
　　任务五　处理客户异议 …………………………………………（152）
　　任务六　促成交易 ………………………………………………（162）
　模块三　高尔夫俱乐部产品服务组织与管理 ………………………（168）
　项　目　客户服务 ………………………………………………………（168）
　　任务一　订场服务 ………………………………………………（170）
　　任务二　客户接待 ………………………………………………（177）
　　任务三　组织会员活动 …………………………………………（181）
　　任务四　处理客户投诉 …………………………………………（183）

第三单元　高尔夫市场营销部岗位拓展 ……………………………（191）

　模块一　产品服务延伸 …………………………………………………（192）
　项　目　会籍管理 ………………………………………………………（192）
　　任务一　客户资料管理 …………………………………………（193）
　　任务二　会员合同管理 …………………………………………（196）

模块二　高尔夫赛事管理和广告策划 …………………………………（202）
　　　项　　目　高尔夫赛事组织和广告策划 ………………………（203）
　　　任务一　高尔夫赛事组织与策划 ………………………………（204）
　　　任务二　高尔夫广告策划 ………………………………………（212）
参考文献 ……………………………………………………………………（219）

第一单元
高尔夫市场营销部岗位认知

由于各俱乐部组织文化有所差异，在不同的高尔夫俱乐部里，营销部门的设置也各有不同。大体上说一般分为两类，一类是大部门制，即设置营销部，下有策划、销售、客服等部门；另一类是设置多个平行部门，即销售部、客服部（会员部）、策划部等多个部门，各部门相互之间没有隶属关系。当然采取后一种模式的俱乐部门之间也有一些细微的差别。例如有的俱乐部未设置销售部和客服部而是设立会员部，把销售、客服的功能都划分到这个部门里。不同的俱乐部间，还会出现部门功能相同但名称不同的情形。大体来讲，采用大部门制的高尔夫俱乐部较多。

一、市场营销部的一般组织结构

通常情况下，采用大部门制俱乐部的市场营销部的组织结构可参考图1-1。

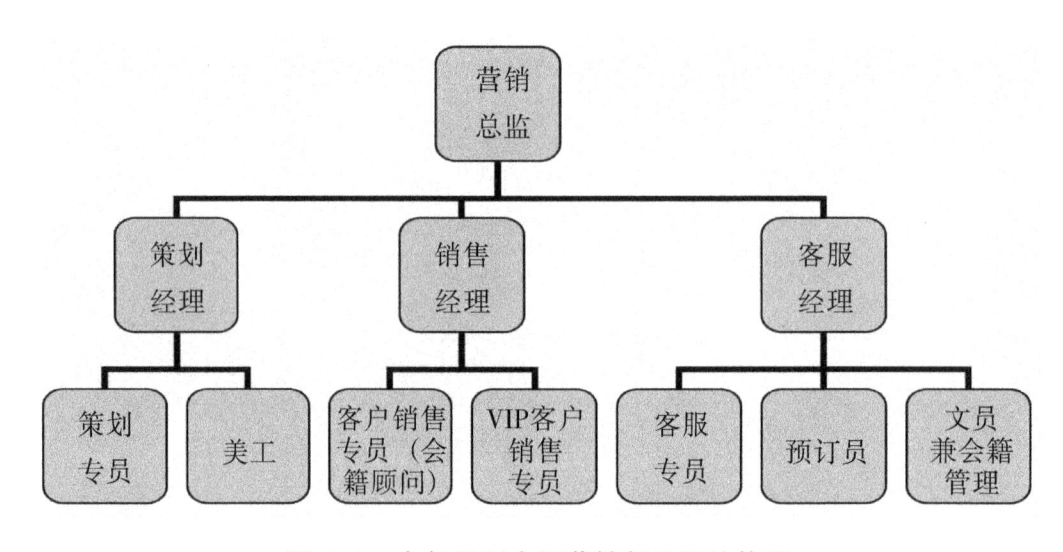

图1-1 大部门制市场营销部组织结构图

二、高尔夫市场营销部在高尔夫俱乐部里的地位和作用

高尔夫市场营销部在高尔夫俱乐部中的地位和作用是不言而喻的，其重要性大概体现在以下三个方面。

首先，高尔夫市场营销部的策划水平及其制定的营销策略是高尔夫俱乐部实现经营目标的关键。市场营销部必须通过严谨的市场调查、科学分析行业环境，预见市场的潜在消费能力，正确判断消费者的需求和欲望，了解竞争者的现状和发展趋势，并结合自身的资源条件，指导俱乐部在项目定位、会籍产品研发与定价、销售策略、服务创新等方面做出科学决策，以适应市场的变化。

其次，高尔夫市场营销部的销售能力的高低，是高尔夫俱乐部竞争能力的重要标志之一。会籍销售业务是市场营销部的最核心业务，如果不计算配套设施的营业收入，一个纯会员制的高尔夫俱乐部中会籍的销售约占俱乐部收入的90%；一个混合制的高尔夫俱乐部中会籍的销售收入约占40%。可见，一个高尔夫俱乐部能否在复杂的市场竞争中胜出，市场营销部的作用是无可替代的。

再次，高尔夫市场营销部是高尔夫俱乐部内部管理的核心部门。从某种意义上讲，高尔夫俱乐部的其他部门的工作都是围绕市场营销部展开的。提高高尔夫市场营销部的业务水平、实施科学的绩效管理，实现部门内部优胜劣汰，是每个高尔夫俱乐部管理者需要面对的核心问题。

模块一　高尔夫市场策划岗位认知

高尔夫市场策划是高尔夫市场营销部的职能之一，它涉及的主要岗位有策划经理、策划专员、美工等，本模块主要介绍高尔夫市场策划专员必备的职业素质、高尔夫市场策划工作的岗位设置与各岗位责权。

项目　高尔夫市场策划专员岗位认知

【项目情景】

杨昊，1990年出生，高职高尔夫专业毕业生，通过面试被河北某高尔夫俱乐部聘为市场策划专员。该高尔夫俱乐部正处于筹备建设期，急需懂高尔夫市场策划的人员。杨昊虽然在学校里学习了一些高尔夫市场策划的知识，但对于市场策划这个岗位的了解程度有限，摆在他面前的首要问题是如何快速适应这个岗位，也就是作为一名市场策划人员应掌握哪些基本知识并具备哪些基本素质。

讨论与交流

你认为杨昊为了适应市场策划工作，应该怎样塑造高尔夫市场策划专员的职业形象？需要接受哪些方面的培训？培训会涉及哪些具体内容？

【学习目标】

技能目标
1. 具备语言、文字表达能力；
2. 具备组织、管理能力；
3. 具备良好的协调和沟通能力。

知识目标
1. 了解高尔夫策划专员应具备的职业素质；
2. 了解高尔夫市场策划岗位的构成与责权。

素养目标
1. 培养学生爱岗敬业的精神；
2. 培养学生职业形象的塑造能力；
3. 培养学生的危机意识。

【任务分解】

任务一　了解高尔夫策划专员应具备的职业素质
任务二　认识高尔夫市场策划岗位的构成与职责

任务一　了解高尔夫策划专员应具备的职业素质

作为国内新兴的体育产业之一，高尔夫行业需要大量优秀的高尔夫市场策划人员，要成为一名优秀的高尔夫市场策划人员必须同时具备基本的行业知识和专业技能。

一、基本素质

古语有云"术业有专攻",高尔夫行业营销策划有其独特的行业特点。从业人员应具备的专业素质一般包含以下两方面。

(一) 了解高尔夫行业的基本知识

高尔夫产业属于体育休闲类产业,其包括的产业有:高尔夫地产、高尔夫旅游、高尔夫展览、高尔夫传媒、高尔夫教育等。高尔夫运动属于体育休闲类运动,高尔夫球是一项具有特殊魅力的运动。它是人们在天然优雅的绿色环境中锻炼身体、陶冶情操、提高技巧的活动。

(二) 具备高尔夫策划从业者的基本素质

1. 良好的语言、文字表达能力

一个好的创意或一个优秀的策划方案,最终要靠语言和文字来表达才能被别人所接受和执行。在整个营销策划过程中,策划人员充当的是"编剧"兼"导演"的角色,因而清晰的逻辑思路、修辞能力,基本文书书写以及声调、肢体语言和表情的搭配就显得尤为重要。

有了良好的语言表达能力,就为良性沟通架起了桥梁,也为策划的成功奠定了基础。语言的简明、连贯、得体是培养语言表达能力的基础和核心。与语言表达能力相比较,过硬的文字表达能力一方面有助于使营销策划更加有序合理,另一方面也能通过文字记录企业的历史积淀和企业文化,从一般意义上讲文字表达能力更加重要。

2. 良好的组织、管理能力

优秀的"导演"还应具备较强的组织管理能力,因为每一次策划都涉及活动宣传、节目彩排、会场布置、物品筹备、邀请嘉宾等工作,不可能靠一个人来完成,这就要求营销策划人员具备较强的组织管理能力,能合理分配时间、妥善管理物品。

3. 良好的协调和沟通能力

协调和沟通，一方面是指在工作当中通过与本部门之外的人员进行的交流，以求获得帮助、支持或关注；另一方面是指对本组织内部人员工作的及时检查和反馈。通过有力的协调和沟通在策划执行中及时"纠偏"从而保证策划的正确性。以某俱乐部高尔夫赛事策划活动为例，倘若其经费预算超过了企业的预算支出，那就需要与别的企业进行沟通，通过获得外部企业的帮助来筹集经费；倘若在内部工作中，原有岗位的工作人员因特殊原因缺席，就需要协调其他人员补充该岗位，否则就会影响整个进程。

4. 良好的工作作风

雷厉风行、勤奋务实

一切策划最终都要靠执行来完成，这要求营销策划人员必须雷厉风行、勤奋务实。如果在工作中拖沓、懒散、工作没人干或者不实干就势必会影响活动的进程，甚至会扼杀一个好的活动的诞生。

讲求民主、集思广益

一个充满人性化的组织，只有讲民主，才能碰撞出思想的火花。拿一个思想与别人交换，得到的就是两个思想，如此不断地聚合集体的智慧，策划创意必然丰富多彩。同时，讲求民主、集思广益也是树立个人威信的有效途径，活动策划人员具备了这样的工作作风，必然能得心应手地开展工作。

（三）心理素质

良好的心理素质是人格魅力的重要体现，也是高尔夫策划专员必须具备的条件之一。营销策划人员应具备以下三种心理素质：

1. 乐观

在策划的过程中经常会遇到一些意想不到的事情，成功的策划，得到的是赞美和掌声；失败的策划，可能得到的是批评和指责；也许你的努力得不到应有的回报，无论遇到任何问题都能坦然面对，能够用良好的心理素质战胜一切。

2. 自信

自信不是自负，也不是自大，高尔夫策划专员要建立科学的自信，克服盲目的自信。科学的自信是指能够辩证地看待活动中的有利因素和不利因素，同时也要多看到自己的长处和优点，并在策划过程中发挥自己的长处，巩固自己的优点，这种自信的基础是对方案和活动的周密部署和充分准备。

3. 意志精神

顽强的意志使人能自觉地管理自己，约束自己的行为不受外界无关事物的影响，努力坚持实现目标。在创新行动过程中，总会有与目标不一致的欲望诱惑，或有消极情绪干扰，有自制力的人能够控制自己的消极情感，约束自己的言行，坚定不移地去实现自己的目标。凡是想做出一番事业的人都必须有坚韧性，正如"绳锯木断，水滴石穿"，不达目的誓不罢休。

（四）文化素质

文化素质是高尔夫市场策划专员应具备的最重要的素质，文化素质是一种基础性的素质，对于其他素质的形成和发展起到基础性的作用。文化素质和文化修养较专业知识在更深层次上反映人才的质量。高尔夫策划人员首先是专才，然后才是通才。高尔夫策划专员的知识结构应是复合型的，既要具有系统而坚实的策划学科知识，又要具有丰富的社会阅历、娴熟的策划能力。就高尔夫策划专员的文化素质而言，除了要系统掌握策划基础理论与高尔夫专业知识外，还必须掌握管理学、行为科学、市场营销学，以及广告策划等知识。

【实训练习】

实训项目
本项目的主人公杨昊在阅读了大量经典的市场策划案例后，为那些案例所折服，这不但加深了他对本职工作的热爱，还掌握了许多有用的知识。请同学们上网收集策划名人的信息，讨论分析并对其他团队的成员提问。各团队根据活动内容做总结。

实训目标

1. 训练学生的语言、文字表达能力；
2. 培养学生的协调和沟通能力。

实施过程

分组讨论分析策划名人的信息，就如何成为一名优秀的高尔夫策划人员进行发言，并提问其他团队的成员，各团队根据活动内容做总结。

实训考核

1. 准备充分，包括理论知识、相关资料准备和课堂布置准备（20%）；
2. 团队具有强大的获取信息和资料的能力，学习能力强（20%）；
3. 项目完成的合理性、逻辑性、创新性（30%）；
4. 团队成员表演、讨论、发言的参与度、协作度（30%）。

【作业与思考】

如果你是一名高尔夫市场策划人员，应从哪些方面培养自己的职业素质？

任务二　认识高尔夫市场策划岗位的构成与职责

一、高尔夫市场策划工作的岗位构成

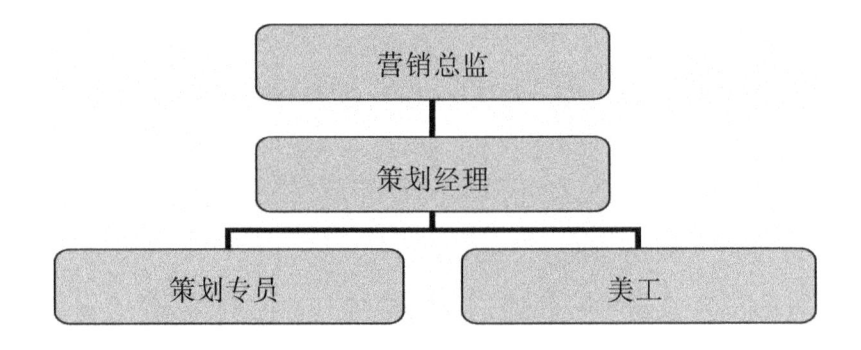

```
营销总监
   │
 策划经理
   │
 ┌─┴─┐
策划专员  美工
```

二、高尔夫市场策划工作各岗位职责

(一) 市场营销总监

表1-1

一、岗位基本信息					
岗位名称	营销总监	岗位编号		岗位定员	
所属部门	市场营销部	直接上级	俱乐部总经理	直属下级	策划经理、销售经理、客服经理
二、岗位职责概述					
负责市场营销部的整体运作,包括策划推广、会籍销售、VVA接待等。组织安排俱乐部赛事,监督部门日常运作。					
三、岗位具体职责范围及工作要求					

1. 制订年度市场推广计划及营销策略、组织公关活动;
2. 根据市场实际情况制定年度经营预算及业绩考核方案,并明确年度业绩考核指标;
3. 制定俱乐部有关经营价格及优惠政策;
4. 提交每季度营业额预算;
5. 分析和提交每月各类报表;
6. 组织每月的经营分析会议,研究市场动态并执行会议决策;
7. 做好重大活动或重要接待的计划审核与监督,亲自参与VVA接待;
8. 主持每日销售会议及每周销售会议;
9. 搜集市场反馈信息,保障优质服务与效率;
10. 统筹、制订与执行俱乐部的推广计划并监督执行情况,推动会籍及其他配套产品的推广与宣传;
11. 维系和促进重要客户的关系;
12. 执行和监督营销部的培训计划,制订和执行本部的培训计划;
13. 执行员工评估制度,并对关键岗位管理人员的缺失负责;
14. 处理重要客户的投诉;

(续表)

15. 负责建立市场营销队伍，包括人员审核、调配、培训，并根据每个人的表现给出考核意见；	
16. 监督部门日常运作，处理部门的日常行政事务。	
四、沟通关系	
内部沟通对象	总经理、俱乐部运作部、运动中心、餐饮部、财务部、保卫部、人事部
外部沟通对象	所有客人、合作企业、政府机关
五、岗位任职资格要求	

性别要求	不限	年龄要求		学历要求	本科或以上文凭
经验要求		有经验者优先
能力要求		具备良好的领导能力和组织协调能力，能够全面指导和管理各项工作；具备良好沟通能力，能流利使用英语或其他语言与人交流，能熟练操作办公软件。

（二）市场策划经理

表1-2

	一、岗位基本信息

岗位名称	策划经理	岗位编号		岗位定员	
所属部门	市场营销部	直接上级	市场营销总监	直属下级	策划专员
	二、岗位职责概述

市场策划经理向市场营销总监负责，承担会籍营销市场的策划任务，负责组织、协调策划专员完成市场推广计划、组织市场调研、收集市场信息、策划品牌推广活动等工作。

(续表)

三、岗位具体职责范围及工作要求
1. 协助市场营销总监制订年度市场推广计划，提交年度广告及公关活动预算； 2. 负责俱乐部对外活动及电子营销的策划和执行； 3. 与媒体保持良好的关系，积极宣传俱乐部正面形象； 4. 策划俱乐部 CI 项目； 5. 撰写俱乐部宣传资料； 6. 定期组织市场调研，收集市场信息，掌握市场动向及发展趋势，并就俱乐部的品牌推广提出针对性建议； 7. 策划品牌推广活动，配合策划俱乐部整体及各部环境布置，及时提出建议及督导实施方案； 8. 针对重要节假日提出活动计划并根据计划的实际执行情况，适时变更策略，及时改进措施； 9. 严格控制物料及策划费用，根据公司标准监督策划费用及物料的合理有效使用； 10. 监督俱乐部网站的更新和维护； 11. 处理俱乐部相关图片说明，新闻报道，杂志专题； 12. 将关于俱乐部的所有媒体报道进行存档； 13. 协助市场营销总监、运作总监、草坪总监，制定年度高尔夫球赛事计划； 14. 接待来访媒体； 15. 监督宣传品质量及摆放标准； 16. 及时进行危机公关，保持俱乐部的良好形象及市场知名度； 17. 督导策划部的正常工作。

四、沟通关系	
内部沟通对象	俱乐部运作部、餐饮部、运动中心、财务部、保卫部、人事部
外部沟通对象	客人、合作企业、政府机关

五、岗位任职资格要求			
性别要求	不限	年龄要求		学历要求	大专或以上学历
经验要求	有经验者优先			
能力要求	具备领导能力和组织协调能力，有良好的策划、控制能力，具备良好的中英文沟通能力，能熟练操作办公软件。			

（三）市场策划专员

表 1-3

一、岗位基本信息				
岗位名称	策划专员	岗位编号		岗位定员	
所属部门	市场营销部	直接上级	市场策划经理	直属下级	无
二、岗位职责概述				
市场策划专员向市场策划经理负责，承担会籍营销市场的策划任务，制定各类营销及赛事活动策划的方案，协助策划经理接待到访媒体客人等工作。				
三、岗位具体职责范围及工作要求				
1. 负责审核俱乐部各部门的对外宣传文案，编写俱乐部推广宣传软文； 2. 制订营销及赛事活动的策划方案； 3. 收发及处理内部往来文件，做好文件分类工作，呈策划经理； 4. 负责文件的草拟、翻译、打印及派发； 5. 收集、整理市场信息，作为制定工作计划的有效参考资料； 6. 参与、组织、策划俱乐部的宣传推广活动； 7. 和宣传媒介保持良好的业务关系； 8. 根据上级的指示，安排各类会议或活动； 9. 协助策划经理接待到访媒体客人； 10. 每日检查不同的实体及网络媒体，对涉及俱乐部的报道进行剪切或截图，如发现异常立即呈报上级进行处理； 11. 负责俱乐部电子营销工作； 12. 建立完整的宣传资料档案，随时向上级提供各类文件资料； 13. 定期进行文件分类、存档，建立健全的文件资料档案。				
四、沟通关系				
内部沟通对象	俱乐部运作部、餐饮部、运动中心、财务部、保卫部、人事部			
外部沟通对象	所有客人、合作企业、政府机关			

(续表)

五、岗位任职资格要求					
性别要求	不限	年龄要求		学历要求	大专或以上学历
经验要求	有经验者优先				
能力要求	具备良好的中英文沟通能力、策划能力及组织协调能力，能熟练操作办公软件。				

（四）美工的岗位职责

表1-4

一、岗位基本信息					
岗位名称	美工	岗位编号		岗位定员	
所属部门	市场营销部	直接上级	市场策划经理	直属下级	无
二、岗位职责概述					
美工向市场策划经理负责，负责俱乐部的宣传及宣传品设计、根据策划经理安排独立完成一般的设计与制作、负责俱乐部营销所需的图片及平面广告的制作等工作。					
三、岗位具体职责范围及工作要求					

1. 负责俱乐部的宣传及宣传品设计；
2. 根据上级要求设计俱乐部的印刷品和宣传品，负责俱乐部对外宣传图片的拍摄与制作；
3. 根据策划经理安排独立完成一般的设计与制作；
4. 按照收到的美工单进行日常工作；
5. 负责俱乐部有重大活动、会议或重要客人来访的跟踪拍摄工作；
6. 协助策划经理负责俱乐部营销所需图片及平面广告的制作；
7. 每月统计完成的美工单总数，并上报策划经理，按年度做好美工单的归档；
8. 妥善管理美工财产，如摄影器材，节庆摆件等；节约使用各种美术工具，颜料，材料等。

(续表)

四、沟通关系	
内部沟通对象	俱乐部运作部、餐饮部、运动中心、财务部、保卫部、人事部
外部沟通对象	所有客人、合作企业、政府机关
五、岗位任职资格要求			
性别要求	不限	年龄要求		学历要求	大专或以上学历
经验要求	有经验者优先
能力要求	具备良好的沟通能力，精通平面设计，有良好的主体审美能力；能熟练操作办公软件及美工设计系统软件。

【实训练习】

实训项目

本项目的主人公杨昊了解了高尔夫俱乐部市场策划工作的岗位设置，明确了策划经理、策划专员、美工等岗位职责，从而更好地完成策划工作。

实训目标

1. 使学生了解高尔夫俱乐部市场策划工作的岗位设置；
2. 使学生了解策划岗位职责。

实施过程

让学生以团队为单位，到本地区的高尔夫俱乐部参观，了解其市场营销部的岗位设置情况，讨论市场策划工作各岗位的职责及如何更好地履行工作职责，并对其他团队的成员的提问进行回答。各团队根据活动内容做总结。

实训考核

1. 团队协作性（20%）；
2. 了解、搜集信息的能力（20%）；
3. 项目完成的合理性、逻辑性、创新性（30%）；

4. 团队成员表演、讨论、发言的参与度（30%）。

【作业与思考】

上网收集国内高尔夫俱乐部的市场营销部组织机构，比较它们的优缺点。

模块二　高尔夫客户销售专员岗位认知

高尔夫市场销售是高尔夫市场营销部的核心业务，它的主要岗位有销售经理、客户销售专员、VIP客户销售专员等。本模块主要介绍高尔夫客户销售专员应具备的职业素质，高尔夫市场销售工作的岗位设置和岗位职责。

项目　高尔夫客户销售专员岗位认知

【项目情景】

王蕴是辽宁职业学院高尔夫俱乐部商务管理专业的应届生，通过网上招聘在4月10日向北京一高尔夫俱乐部提交了高尔夫市场销售专员的求职简历，并于4月19日接到俱乐部电话通知其4月22日上午9时前往俱乐部参加面试。4月22日王蕴如期来到俱乐部，通过人力资源部的初步面试进入下一轮。

在人力资源部负责人的带领下，王蕴来到市场营销部。主持第二轮面试的是销售经理张剑，张经理看上去30岁左右，170厘米左右的身高，着深蓝色西装、蓝白色领带、黑色皮鞋，目光炯炯有神，充满自信，看上去精力充沛。

经过初步了解，张经理向王蕴问了以下几个专业问题：

1. 你了解高尔夫会籍产品吗？你是如何理解高尔夫市场销售的；
2. 请你简单说明高尔夫市场销售工作的重要作用；

3. 你觉得高尔夫高尔夫市场销售人员应该具备哪些职业修养及能力。

王蕴在大学期间学习过市场销售的相关知识，因此对张经理的提问对答如流，张总对王蕴的回答也比较满意，决定聘用王蕴为市场销售实习员工。

讨论与交流

1. 按照任务要求，你该如何把自己的心态从学生转变为市场销售职业人？

2. 按照任务信息中的描述，张剑给你的第一印象如何？对你有何启示？

3. 如果你是王蕴，你将如何回答张经理提出的三个问题？

【学习目标】

技能目标

1. 初步具备销售人员职业素质；
2. 初步具备销售人员职业能力；
3. 通过销售礼仪训练，达到销售礼仪的规范要求。

知识目标

1. 熟悉较高的职业素质；
2. 熟悉较高的职业能力；
3. 掌握基本的销售礼仪。

素养目标

1. 培养学生爱岗敬业的精神；
2. 培养学生职业形象的塑造能力；
3. 培养学生的危机意识。

【任务分解】

任务一　了解高尔夫市场销售专员应具备的职业素质

任务二　认识高尔夫市场销售岗位的构成与职责

任务一　了解高尔夫市场销售专员应具备的职业素质

一个好的高尔夫市场销售专员不仅能够销售高尔夫俱乐部的产品，而且是俱乐部及产品信息的有效传播者，更是俱乐部的形象使者。具体说来，作为一名合格的高尔夫市场销售专员，主要应具备以下素质：

一、基本素质

(一) 业务素质

销售人员应掌握宽广的知识结构及具备较高的文化素质。销售人员所具备的文化知识越丰富，销售成功的可能性就越大。迄今为止，被后人津津乐道的成功销售案例，都是由于销售员过硬的业务素质促成的，所以说知识是做事成功的重要保障。

1. 专业知识

高尔夫方面的专业知识

掌握高尔夫方面的专业知识，一方面是为了满足客户在这方面的要求；另一方面是为了使销售活动体现高尔夫俱乐部的方针政策，达成俱乐部的整体经营目标。高尔夫俱乐部的知识主要包括俱乐部的发展历程，俱乐部的规模、配套设施、服务状况、财务状况、组织结构及俱乐部的规章制度等。

会籍产品方面的知识

掌握会籍产品知识，是为了更好地向客户介绍产品，从而增强自己的销售信心和客户的购买信心。销售人员应掌握的产品知识主要包括高尔夫会籍的种类、价格、服务、配套设施等方面的知识。一个对自己的产品都不了解的销售员，销售成功的可能性非常小，即使成交也是侥幸的成功。优秀的高尔夫销售专员专业精湛、技艺娴熟，对自己的俱乐部和产品信息能够做到全面了解，倒背如流，其销售工作当然顺利。

2. 社交知识

优秀的高尔夫销售员应当掌握社会交往中必须遵循的社交知识，但是销售员是靠与人交往来达成销售的目标，因此，社交知识中社交技巧就显得非常重要了。

(二) 心理素质

1. 高度的责任感

高尔夫市场销售专员是俱乐部的形象代言人，其一言一行都关系到俱乐部的声誉和形象。同时，销售活动是俱乐部与客户进行信息沟通的一种有效形式。因此，销售员首先必须具有高度的责任感，应当想方设法地完成俱乐部的销售任务，只有这样，才能算得上是合格的销售员。其次，销售员代表的是一个俱乐部，除了完成一定的销售任务外，还需要在销售过程中为俱乐部树立良好的形象，与客户建立和保持良好关系，不能为了实现销售额度而损害俱乐部的形象和声誉。优秀高尔夫销售员的境界是当个人利益和俱乐部利益或客户利益冲突的时候，应该以俱乐部和客户利益为重。

2. 树立信心

信心是销售胜利的法宝，自信是销售成功的第一秘诀，你的信念体系决定你的销售成果。如果你想在事业中取得成功，那么你一定要相信你所代表的俱乐部，相信它是提供最好产品的俱乐部，相信自己能够胜任销售工作，相信自己能够说服客户购买会籍产品，相信自己能够战胜销售活动中的各种困难，你要相信自己的产品和服务不仅仅是同行中最好的，而且对客户来说也是最有价值的。只有在客户接受了你之后，他们才能认同你的俱乐部，才会购买你的产品或服务。要做到这一点，你必须要相信自己。想要自己能够取得成功，树立信心是成功的先决条件。

3. 较强的自我约束力

销售活动以人为工作对象，而人的心理和需求是复杂多变的，这就使销售工作具有很大难度。同时，相对于企业的其他工作来说，销售是一种相对自主和自由的职业，销售人员可以自主选择销售对象，自由地开展销售活动，所受到的约束最少。因此，销售工作需要销售人员必须具备百折不挠的进取精神和较强的自我约束力。

（三）身体素质

销售工作既是一项复杂的脑力劳动，又是一项艰苦的体力劳动。销售工作的性质决定了销售人员必须经常外出，且工作时间长，劳动强度大；与形形色色的客户打交道，更是费神费力的过程。销售员心理上承受的压力是巨大的，此时良好的身体素质对销售员来说是资本。因此，销售人员除具备过硬的思想素质和业务素质外，还要有健康的体魄和旺盛的精力，才能胜任销售工作。

二、具备较高的职业能力

高尔夫销售人员具备了良好的思想素质、业务素质与身体素质，只是具备了作为一名好的高尔夫销售人员的基本条件。要想成为成功的销售人员，还必须具备以下五项职业能力：

（一）敏锐的观察能力

敏锐的观察能力是善于洞察客户心理活动，并能站在客户立场上思考问题的能力。销售人员敏锐的观察能力对销售成功是至关重要的。它不是简单的"看"，而是用专业的眼光和知识去细心观察，通过观察发现重要的信息，找到销售的突破口。例如，通过衣服的颜色看一个人的性格；从人的服饰看人的职业、地位、兴趣和爱好；谈论某个话题得出其需求层次和个性特点等。另外，在销售过程中，"倾听"其实比"劝说"更重要，善于倾听的销售人员能充分调动对方的积极性，让对方产生如遇知己的感觉。善于倾听的要点在于销售人员的肢体与口头语言和客户的说话内容要高度配合。例如，客户在讲述其经历时，善于倾听的销售人员能适时表露出敬佩的表情来肯定对方，从而调动现场气氛，为进一步深入交谈创造条件。

> **【小案例1-1】**
>
> 从细节入手，打开成功的大门
>
> 　　一位高尔夫俱乐部的会籍销售人员去拜访某公司的董事长时，吃了闭门羹。销售员不达目的不罢休，非要做成这笔生意不可，他冥思苦想，仍无计可施。突然，他记起当他进入董事长办公室时（充满信心还得有敏锐的观察力），女秘书探进头来对董事长说真抱歉，我没有收到信件，没有弄到NBA球星卡送给您。原来是董事长14岁的儿子正在收集NBA球星卡。销售员心想：好，有门了。
>
> 　　第二天下午，销售员又去找董事长，告诉他是专程来给他儿子送几张精美的纪念版地板卡。一听说精美的纪念版地板卡，董事长立即站起来热情相迎，销售员很恭敬地将地板卡递给董事长。董事长接过地板卡，连连称赞。同时，他还热情主动地把儿子的照片拿给销售员看。销售员趁此大夸特夸董事长的儿子聪明可爱。接下来，两人又谈起地板卡的知识和趣闻，非常投缘，足足谈了半个多小时。然后，没等销售员开口，董事长便主动谈起了会籍的事。

（二）开拓创新能力

销售工作是一项极富挑战性的工作，由于市场和目标客户群的瞬息万变，每一次的销售都不可能是前一次的重复和翻版，每一次都会面临新的问题、新的情况。在销售过程中，销售人员应注重好奇、敏锐、自信、进取等创造性素质的培养，不断开拓新市场，发掘新客户，采用新方法、新手段，解决新问题。

（三）强大的社交沟通能力

销售人员向客户销售的过程，实际上是信息沟通的过程。沟通能力是销售员必不可少的能力，以准确采集对方信息、了解对方意图，同时将自己的信息准确传达给对方，使谈话双方达成共识。当然，销售员首先必须要善于与他人交往，有强大的社交能力和灵活社交技巧，才能一方面扩大客户群，一方面维持并发展与客户之间长期稳定的关系。销售员与客户交往的过程中，永远要本着热情诚恳、对人友善、设身处地为客户着想等原则，才能取得客户的信任、理解、支持与合作。社交能力不是天生的，是在销售实战中逐步培养出来的。要培养高超的交往能力，销售人员必须在拓宽自身知识面的同时，掌握必要的社交礼仪，应当敢于交往，主动交往。

（四）良好的语言表达能力

语言表达能力是销售成功的基本要素。语言表达作为销售和交际的重要手段，使得销售员不断提高自身的语言表达能力，从而达到语言表达准确清晰、语言要有针对性、语言要有艺术性等要求。

（五）沉着应变的能力

应变能力是指人对突然发生的及尚未预料到的情况的适应、应付能力。销售人员在销售过程中会遇到形形色色的人或事，情况在不停变化着，经常会出现各种意外和突发情况。当这些突发情况出现时，如果销售人员缺乏处理突发情况的现场应变能力，就会陷于被动，可能导致最终的销售失败。面对复杂多变的情况，销售人员要善于快速分析情况变化的原因，做出结论与判断，沉着冷静地处理各种可能出现的问题，根据情况的变化及时调整销售的策略和方法，提出变通方案。如果拘泥于一般原则而不会变通，往往会导致销售失败。

三、遵守销售礼仪

客户购买某产品的过程中需求是多样化的，它不仅要购买产品获得物质的满足，更要购买服务精神和态度获得精神上的满足。销售员应该用规范的礼仪来协助客户获得精神满足。为了树立良好的企业形象，使销售活动顺利开展，在销售商品前，销售员要先把自己销售给客户，客户接受了你这个人，才可能接受你所销售的商品。所以在商品销售中必须运用礼仪，以此规范销售员的行为。销售员在销售过程中应注意的礼仪主要包括以下几项：

（一）送访礼仪

高尔夫销售专员要经常拜访客户、迎送用户，这项工作做得好坏，将直接关系到销售业务的开展效果，也直接影响到俱乐部的经营业绩、形象和声誉。送访礼仪包括拜访礼仪、指引礼仪（图1-1）、名片礼仪（图1-2）、迎送礼仪（图1-3）、迎客礼仪、介绍礼仪、握手礼仪等。

图1-1

图1-2

图 1-3

(二) 交谈礼仪

人际交往中交谈是表达思想及情感的重要工具，销售人员和客户交谈，既可以传递产品信息，又增加了客户对自己及俱乐部的信任感，从而达到销售的目的。因此，掌握交谈礼仪，提高交谈的语言艺术，对于提高销售工作的水平和效率，具有极其重要的作用。

电话销售已成为销售的重要手段，销售人员通过电话与客户进行沟通，达到销售目的，掌握电话礼仪（图 1-4）的方法技巧，对销售具有重要意义。

(三) 服饰礼仪（图 1-5）

销售员的服装均应注意整洁、挺直，切忌脏旧；裤子应熨出裤线；衣领、袖口要干净，皮鞋要上油擦亮；头发要吹理得体，男士应常刮胡子；服装与仪表协调，不喷洒香水；女士可适当化妆，微量喷洒香水，但不宜过浓。总之，好的服装及配饰应与性别、年龄、职业、场合、地位等相符，而发型、鞋、胡子等作为必不可少的辅助也会影响服饰的整体效果。

图 1-4

图 1-5

高尔夫俱乐部产品营销

【小案例 1-2】

如此穿着

有一天,一位自称是某家俱乐部的会籍销售人员来到客户李总的办公室。李总打量着来人:他身穿白色的 T 恤,有些脏,好像有油污;白色旅游鞋,没有擦,布满了灰尘。有好大一会儿,李总都在打量他,根本听不清他在说什么,只隐约看见他的嘴巴在动,还不停地放些资料到办公桌上。等那位销售人员介绍完,李总马上对他说:"把资料放在这里,我看一看,你回去吧!"就再也没有跟他联系过。

【实训练习】

实训项目

本项目的主人公王蕴通过收集一些优秀销售员的故事,了解了要成为一名优秀的销售员所必须要掌握的素质和能力。掌握销售礼仪非常重要,为训练基本的销售礼仪,请同学们客串销售员王蕴,以某家高尔夫会籍产品为销售商品,设计销售场景并进行角色扮演演练。

实训目标

1. 训练学生作为销售员得体的言谈举止;
2. 训练学生判断销售员得体着装的能力;
3. 训练学生的销售技巧;
4. 培养学生作为销售员的应变能力。

实施过程

将全班学生分为 3~5 个学习小组,以小组为单位撰写脚本,分别扮演客户与销售员进行演练。团队在课堂上进行模拟场景展示,并对其他团队的成员的提问进行回答。各团队根据活动的内容写出总结。

实训考核

1. 团队成员的协作性(20%);
2. 了解、搜集、使用网络信息的能力(20%);

3. 项目工作完成的合理性、逻辑性、创新性（30%）；

4. 团队成员表演、讨论、发言的参与度（30%）。

【作业与思考】

1. 销售人员应具备哪些职业素质？

2. 销售人员应具备哪些职业能力？

3. 如果你要成为一名优秀的销售人员，应从哪些方面入手，培养自己的能力？

任务二 认识高尔夫市场销售岗位的构成与职责

一、高尔夫市场销售岗位的构成

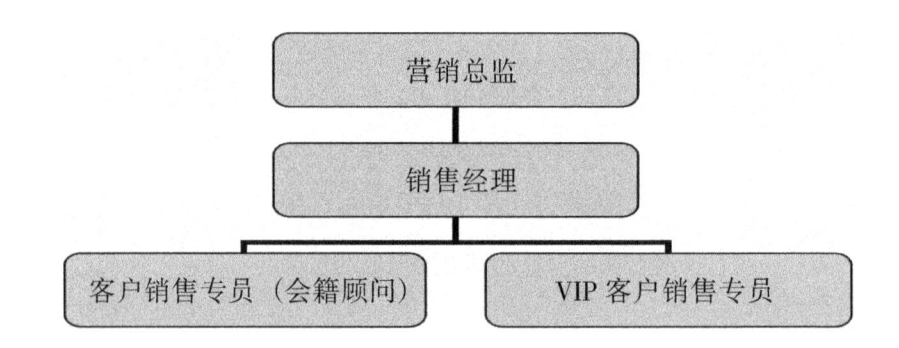

```
         营销总监
            │
         销售经理
          ┌─┴─┐
客户销售专员（会籍顾问）   VIP客户销售专员
```

二、高尔夫市场销售各岗位职责

（一）市场销售经理

表 1-5

一、岗位基本信息					
岗位名称	销售经理	岗位编号		岗位定员	
所属部门	市场营销部	直接上级	市场营销总监	直属下级	销售专员

(续表)

二、岗位职责概述
市场销售经理向市场营销总监负责，承担会籍营销市场的销售任务，负责组织、协调下属销售人员完成所属业务市场的客户拜访、销售合同洽谈与签订及客户关系维护等工作。
三、岗位具体职责范围
1. 协助总监制定年度的市场计划、销售计划及预算，并根据年度销售计划制定月度销售计划； 2. 负责收集和整理有关市场数据资料，并定期统计分析，为俱乐部管理层及市场营销总监提供有效的销售决策依据； 3. 负责电子商务营销，管理客户数据库； 4. 在市场营销总监指定的时间内完成销售指标； 5. 负责客户开拓及维护，量化分解销售任务；定期检查客户资料档案，分析客户潜在开发能力，统计客户的活动数据，并根据客户的综合表现对客户进行分等级； 6. 参与商务考察和营销推广，组织具体的宾客聚会； 7. 协助市场营销总监管理销售团队，确保公司销售政策的落实和各项制度的贯彻执行； 8. 随时掌握竞争对手情况，协助营销总监制定相应的策略，每月提交市场分析及竞争对手调查报告； 9. 参加每日销售会议并向市场营销总监汇报工作进度； 10. 落实各类款项的回收工作； 11. 组织协调各种接待及赛事； 12. 合理安排各类展览会、展示会等促销活动； 13. 安排和了解销售人员每天的销售动向，审核所属分部的销售报告并从中发掘潜在客户，每天向上级汇报销售人员的销售动态； 14. 帮助销售人员处理工作的突发情况； 15. 处理客户意见反馈及各类客户投诉； 16. 制定针对新入职员工及在职销售人员的培训计划； 17. 定期评估员工表现，认真执行奖惩制度； 18. 协调部门内部业务和售后服务工作，及时处理客户问题； 19. 完成上级所指派的工作。

(续表)

四、沟通关系	
内部沟通对象	运作部、餐饮部、运动中心、财务部、保卫部、人事部
外部沟通对象	所有客人、合作企业、政府机关

五、岗位任职资格要求			
性别要求	不限	年龄要求		学历要求	大专或以上文凭
经验要求	有经验者优先			
技能要求	具备良好的中英文沟通能力、销售能力及组织协调能力,能熟练操作办公软件。			

(二) 客户销售专员

表1-6

一、岗位基本信息					
岗位名称	客户销售专员	岗位编号		岗位定员	
所属部门	市场营销部	直接上级	销售经理	直属下级	无

二、岗位职责概述
负责会员及嘉宾回访,协助销售经理进行工作沟通,同时负责整理会员资料、访客记录、差点卡申请记录、申请换卡等工作。

三、岗位职责范围
1. 对搜集到的客户信息进行分析并提出后续跟进计划;
2. 竞争对手的销售量、销售额及其活动情况等市场信息的收集;
3. 拓展开发俱乐部客源,完成高尔夫俱乐部会籍及练习场会员卡的销售工作;
4. 拓展赛事、会议、婚礼等团体大客户渠道;

(续表)

5. 集团、政府客户的开发及接待； 6. 企事业单位客户的开发与维护； 7. 协助俱乐部跟进大型活动的接待工作； 8. 接待来访客户，带领客户参观、介绍俱乐部； 9. 收集记录所有会员、嘉宾及访客的意见及建议，并适当做改善； 10. 负责客户包括非会员、会员及嘉宾的电话及邮件咨询； 11. 每天进行巡场，并将巡场结果及整改建议通知相关部门； 12. 落实跟进各类款项的回收； 13. 按照俱乐部要求制定工作指标及个人工作计划。	
四、沟通关系	
内部沟通对象	俱乐部运作部、餐饮部、运动中心、财务部、保卫部、人事部
外部沟通对象	所有会员、嘉宾、访客、政府机关
五、岗位任职资格要求	
性别要求	不限　　年龄要求　　　　学历要求　大专或以上学历
经验要求	有经验者优先
能力要求	具备良好的中英文沟通能力，能熟练操作办公软件。

（三）VIP客户销售专员岗位职责

表1-7

一、岗位基本信息					
岗位名称	VIP客户销售专员	岗位编号		岗位定员	
所属部门	市场营销部	直接上级	市场销售经理	直属下级	
二、岗位职责概述					
负责跟进集团各领导、政府各领导接待及销售。					

(续表)

三、岗位具体职责范围及工作要求	
1. 负责集团客户、政府客户的开发及接待； 2. 集团领导的接待、企事业单位客户的开发与维护； 3. 收集重要客户信息，并及时向上级领导反馈； 4. 协助上级完成部门相关工作； 5. 协助俱乐部跟进大型活动的接待工作； 6. 参加部门各类会议； 7. 完成上级指派的工作。	

四、沟通关系	
内部沟通对象	俱乐部运作部、餐饮部、财务部、保卫部、人事部
外部沟通对象	所有客人、企业、政府机关

五、岗位任职资格要求			
性别要求	不限	年龄要求	
学历要求	大专或以上文凭		
经验要求	有经验者优先		
能力要求	具备良好的中英文沟通能力，能熟练操作办公软件。		
培训要求	高尔夫技能及公关关系维护。		

【实训练习】

实训项目

本项目的主人公王蕴了解了高尔夫俱乐部销售岗位的构成，明确了销售员岗位的职责，为更好地完成销售工作，打下坚实的基础。

实训目标

1. 训练学生了解高尔夫俱乐部销售岗位的构成；

2. 训练学生了解销售岗位的职责。

实施过程

让学生以团队为单位，去本地区的高尔夫俱乐部参观，了解其市场营销部的岗位设置情况，讨论市场销售工作及销售经理、销售专员等岗位的职责，阐述如何更好地履行工作职责，并对其他团队的成员提问。各团队根据活动的内容做总结。

实训考核

1. 团队成员的协作性（20%）；
2. 了解、搜集信息的能力（20%）；
3. 项目工作完成的合理性、逻辑性、创新性（30%）；
4. 团队成员表演、讨论、发言的参与度（30%）。

【作业与思考】

请同学们上网收集国内高尔夫俱乐部市场营销部的组织结构，明确销售经理、销售专员的岗位职责。

模块三　高尔夫客户服务工作岗位认知

高尔夫客户服务是市场营销部的主要工作之一，它的主要岗位有高尔夫客户服务经理、高尔夫客户服务专员、预订员、文员兼会籍管理员等。本模块主要介绍高尔夫客户服务专员应具备的职业素质及高尔夫俱乐部客户服务工作岗位的设置与岗位职责。

项目　高尔夫客户服务专员岗位认知

【项目情景】

周彤，1991年出生，高职毕业生，进入沈阳某高尔夫俱乐部任客户服务专员。在进入高尔夫客户服务行业之初，周彤对客户服务这个岗位非常迷茫。摆在她面前的首要任务是了解高尔夫客户服务专员岗位以及作为一名客户服务人员应具备的基本素质，并掌握相关知识。

讨论与交流

你认为周彤为了适应客户服务工作这一角色，应如何塑造高尔夫客户服务专员的职业形象以及需要接受哪些方面的培训？这些培训会涉及哪些具体内容？

【学习目标】

技能目标
1. 初步掌握高尔夫客户服务专员的职业技能；
2. 初步具备高尔夫客户服务专员的优秀品格；
3. 初步具备高尔夫客户服务专员过硬的心理素质；

知识目标
1. 了解高尔夫客户服务专员应具备的职业技能；
2. 了解高尔夫客户服务专员应具备的优秀品格；
3. 了解高尔夫客户服务专员过硬的心理素质；

素养目标
1. 培养学生爱岗敬业的精神；
2. 培养学生职业形象的塑造能力；
3. 培养学生的危机意识。

【任务分解】

任务一　了解高尔夫客户服务专员应具备的职业素质
任务二　认识高尔夫客户服务岗位的构成与职责

任务一 了解高尔夫客户服务专员应具备的职业素质

一、高尔夫客户服务专员必须具备的职业技能

(一) 良好的职业能力

1. 良好的语言表达能力

在掌握高尔夫行业专业知识的同时，能够有良好的语言表达能力并以此实现与客户的有效沟通。

2. 优雅的形体语言表达技巧

优雅的形体语言表达技巧，能体现客户服务人员的专业素质。客户服务人员的内在气质会通过其外在形象表露出来，言谈举止，细到一个微笑，一个微小的习惯性动作都体现了一个人的职业素养。

3. 思维敏捷，具备对客户心理活动的洞察力

对客户心理活动的良好洞察力是做好客户服务工作的关键所在。因此，思维敏捷，具备对客户心理活动的洞察力是对客户服务人员技能素质的起码要求。

4. 专业的客户服务电话接听技巧

电话接听技巧是客户服务人员的另一项重要技能，客户服务人员必须具备与客户进行良好的电话沟通的能力。

5. 良好的倾听能力

良好的倾听能力是实现客户沟通的必要保障。

(二) 丰富的行业经验

丰富的行业经验是解决客户问题的必要条件。高尔夫客户专员不仅需要与客户进行有效的沟通还需要成为行业的专家，能够随时随地解释客户

提出的任何专业问题帮助客户解决问题。因此，客户服务人员要有丰富的行业知识和经验。

二、高尔夫客户服务专员应具备的优秀品格

1. 忍耐与宽容

忍耐与宽容是面对无理客户的法宝，是一种美德。客户服务人员需要有包容心，要包容和理解客户。包容和理解客户不同的性格，不同的世界观、价值观、人生观。也许在生活中，客户服务人员并不能接受某位客户的观点、言行及喜好，但是，客户服务就是要包容客人的缺点，并根据某个人喜好行事来使其满意。

2. 不轻易承诺，说了就要做到

客户服务人员不要轻易地向客户许诺，这样会给工作造成一定程度的被动。客户服务人员必须要信守自己的诺言，一旦答应客户，就要尽心尽力去做到。做到的比承诺的要多，这才是专业的客户服务。

【小案例1-3】

没有兑现的承诺

某高尔夫俱乐部会员郑总周末到俱乐部打球时，向客户服务专员小唐询问周末打球价格，同行还有一位意向客户王总。小唐说俱乐部周末可以申请嘉宾优惠价格，意向会员还可以申请球会体验卷，并许诺一定为二人申请优惠价格和体验卷。小唐向营销总监曲总申请优惠券时被告知，所有的体验券都发放完了。当时郑总和王总正在餐厅吃饭，小唐过去当面做了解释球卷没有印出来，今天只能向领导申请嘉宾价格打球了，王总挺不高兴地说："你们这么大个俱乐部规定怎么这样死板呢？没有体验券了，就不能签字批示一下吗？"小唐说："俱乐部有严格的规章制度，我们只能按程序办

> 事，希望得到您的谅解，既然您都大老远来了，就高高兴兴地玩呗，下回球卷印出来了，我亲自给您送去。"他说"这是两回事，你们办事情一点儿都不灵活，说话不算数，下次不来了。"

3. 拥有博爱之心，真诚对待每一个客户

博爱之心是指"人人为我，我为人人"的思想境界，把每一位客户都当成自己的衣食父母，以充满感激的心态去面对他们。

4. 谦虚

一个高尔夫客户服务人员无论有多么丰富的高尔夫专业知识，在客户面前都不应炫耀；无论客户的问题多么简单，都不能把客户当成无知，或者在客户面前卖弄自己的专业知识。

5. 以集体利益为重　勇于承担责任

工作中出现问题的时候，同事之间往往会相互抱怨、互相推卸责任。但客户服务强调的是团队精神和集体荣誉感，因此，客户服务人员必须要互相帮助，一起努力解决问题，化解危机。

三、高尔夫客户服务专员应具备的心理素质

1. "处变不惊"的应变力

所谓应变力是对突发事件的有效处理能力。作为客户服务人员，每天都面对着不同的客户及这些客户带来的挑战。例如，客户来投诉了，可能带了一点情绪。有些客户服务人员不知所措了，一些有经验的客户服务人员就能很稳妥地处理。这就要求客户服务人员需要具备一定的应变力，特别是在处理恶性投诉的时候，要处变不惊。

2. 抗挫折能力

销售人员经常会遇到一些挫折打击，如客户的误解及迁怒。客户有了一

些不满，所以需要有一个发泄的渠道。很多客户服务人员都遭受过各种各样客户的误解甚至辱骂，因此，客户服务人员需要有承受挫折打击的能力。

每天接待不同的客户，总会有心情不好情绪低落的时候，不把前一个客户带给你的不愉快转移给下一个客户，这就需要客户服务人员懂得掌控情绪，及时调整自己的心情，因此，优秀的客户服务人员的心理素质非常重要。

3. 满负荷情感的付出

客户服务人员须为每一个客户提供最好的服务，不能有所保留。对待每一个客户都需要付出非常饱满的热情，只有这样，才能够体现俱乐部良好的客户服务形象。

【小案例1-4】

田静的微笑

七月的一天，大连一家高尔夫俱乐部里，会员张总怒气冲冲地跑到客户服务部，冲着客户服务专员田静大声质问道：你们俱乐部怎么回事，为什么不让我下场？田静知道俱乐部正在举办宝马杯高尔夫邀请赛，此次赛事规模大，人数多，俱乐部在比赛前两个小时开始封场，除参加比赛的选手和赛会工作人员，其他人不得下场。俱乐部已经通过群发短信告知这一情况，张总可能是没有收到短信。张总越说越激动，甚至出言不逊。田静明白在这种情形下，做任何解释都是毫无意义的，反而会导致客人情绪更加难以控制。于是她默默地看着张总，任他把话说完，脸上则始终保持一种友爱的微笑。一直等到客人稍稍安静下来后，田静才心平气和地告知他俱乐部的相关规定，和今天下场的客人特别多，电瓶车和球童都不够，但只要有客人返场就第一个为他安排球童和电瓶车，并表示了歉意。客人无奈地接受了田静的劝告，并在两个小时后才得以下场。没想到张总打完球离开前还专门找到田静辞行，感动地说："是你的微笑征服了我，希望再来你们俱乐部打球时还能见到你的微笑。"

微笑服务是一种力量，它不仅可以产生良好的经济效益，使俱乐部宾客如云，生意兴隆，还可以创造无价的社会效益，使俱乐部口碑良好，声誉俱佳。

微笑服务不仅是缩小心理距离、达成情感交流的阶梯，也是实现主动、热情、耐心、周到、细致、文明服务的途径。实践证明，只有热爱生活、热爱顾客、热爱工作的人，才能保持并永久拥有落落大方且恬静优雅的微笑服务。

4. 积极向上、永不言败的良好心态

客户服务专员在自己的工作岗位上，需要不断地去调整自己的心态。遇到困难、挫折都不能轻言放弃。需要有一个积极进取、永不言败的良好心态以化解心里的不愉快。

与其他工作一样，人是客户服务工作最核心的因素，人的素质和品质是决定工作业绩的根本因素之一。客户服务人员要成就自己的业绩，必须重视个人素质和品质的不断修炼。

【实训练习】

实训项目

本项目的主人公周彤在阅读了大量经典的客户服务案例后，被那些客户服务人员高超的服务水平所感动。她更加热爱客户服务工作，并立志要成为优秀的客户服务专员。请同学们客串客户服务专员周彤和客户李总，设计客户接待场景并进行角色扮演演练。

实训目标

1. 训练学生作为客户服务专员接待客户的能力；
2. 训练学生客户服务专员得体着装的能力；
3. 培养学生作为客户服务专员的应变能力。

实施过程

将全班学生分为3~5个学习小组，以小组为单位撰写脚本，小组成员分别扮演客户与客户服务人员进行演练。各小组在课堂上进行模拟场景展示，并对其他团队的成员提问。各团队根据活动的内容做总结。

实训考核

1. 团队成员的协作性（20%）；
2. 了解、搜集、使用网络信息的能力（20%）；
3. 项目工作完成的合理性、逻辑性、创新性（30%）；
4. 团队成员表演、讨论、发言的参与性（30%）。

【作业与思考】

如果你是一名高尔夫客户服务专员，应该怎样培养高尔夫客户服务专员的职业能力和职业素质？

任务二　认识高尔夫客户服务岗位的构成与职责

一、高尔夫客户服务工作的岗位构成

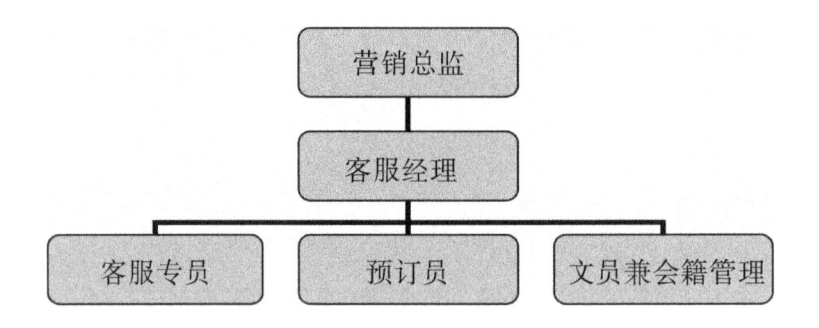

```
         营销总监
            │
         客服经理
     ┌──────┼──────┐
   客服专员  预订员  文员兼会籍管理
```

二、高尔夫客户服务各岗位职责

（一）客户服务经理

表 1-8

一、岗位基本信息					
岗位名称	客服经理	岗位编号		岗位定员	
所属部门	市场营销部	直接上级	市场营销总监	直属下级	客服专员

(续表)

二、岗位职责概述	
市场客服经理向市场营销总监负责，负责会员服务体系的建立与制度完善；负责年度会员服务项目的计划、推动与监控及会员满意度管理等工作。	
三、岗位具体职责范围及工作要求	
1. 会员服务体系及其相关制度与流程的建立与完善； 2. 年度会员服务项目的计划、推动与监控； 3. 会员关系活动的计划、策划、推动与监控； 4. 创建管理与维护会员服务品牌； 5. 会员满意度管理的实施与维护； 6. 会员分级管理体系的实施及维护； 7. 会员服务的提供与跟踪； 8. 会员信息系统的建立与监控； 9. 会员投诉处理； 10. 对销售人员销售行为的建议； 11. 意向客户资讯的收集、分析与分配； 12. 审核新入会会员的资格并进行档案管理； 13. 现场会员服务的指导与监督。	
四、沟通关系	
内部沟通对象	俱乐部运作部、餐饮部、运动中心、财务部、保卫部、人事部
外部沟通对象	所有客人、合作企业、政府机关
五、岗位任职资格要求	

性别要求	不限	年龄要求		学历要求	大专或以上学历
经验要求	有经验者优先				
技能要求	具备良好的中英文沟通能力、服务能力及组织协调能力，熟练办公软件操作。				

（二）客服专员

表 1-9

一、岗位基本信息				
岗位名称	客服专员	岗位编号		岗位定员
所属部门	市场营销部	直接上级	客服经理	直属下级
二、岗位职责概述				
负责会员信息系统的建立与更新，推动会员及准会员关系的维护活动，执行会员分级管理，收集会员投诉信息，策划与执行的会员服务活动。				
三、岗位职责范围				
1. 建立、完善会员分级管理体系； 2. 建立、完善会员服务活动的运作流程； 3. 会员关系维护； 4. 建立会员档案，对会员信息进行系统整理、统计及分析，为客户服务提供服务依据； 5. 对会员及准会员信息维护实行动态管理（通过活动及回访跟进及维护定期进行资料的更新），为活动策划及执行效果监控提供依据； 6. 提供销售信息的支持； 7. 从基本信息中提取"会籍类别""打球频率"或"入会时间"等资料对会员进行分级管理，并以会员分级数据为基础，针对不同级别的会员策划并执行主题活动； 8. 协助销售人员提高会员关系服务质量； 9. 协助会员服务经理制定年度会员关系活动计划； 10. 负责会员服务活动具体实施和对外关系协调； 11. 负责对外关系的协调。				
四、沟通关系				
内部沟通对象	俱乐部运作部、餐饮部、运动中心、财务部、保卫部、人事部			
外部沟通对象	所有会员、嘉宾、访客、政府机关			

(续表)

五、岗位任职资格要求					
性别要求	不限	年龄要求		学历要求	大专或以上学历
经验要求	有经验者优先				
能力要求	具备良好的服务意识、执行能力和部门协调能力，团队意识和沟通能力强，具有良好的中英文沟通能力，能熟练操作办公软件。				

(三) 文员兼会籍管理员

表 1-10

一、岗位基本信息					
岗位名称	文员兼会籍管理员	岗位编号		岗位定员	
所属部门	市场营销部	直接上级	营销总监	直属下级	无
二、岗位职责概述					
文员兼会籍管理员向营销总监负责，负责本部门所有文件的草拟、打印、翻译、复印、收发和存档工作，会员入会、转让、缺席等手续的办理，对客户信息及会员信息资料库进行定期更新及整理核对会员资料。					
三、岗位具体职责范围					
1. 负责本部门所有呈批文件、备忘录、工作联系函、报告、工作计划、总结及其他文件的草拟、打印、翻译、复印、收发和存档工作； 2. 处理部门间往来文书的档案工作，包括文件的收发、登记、阅签、分办、整理、立卷、归档和移交等； 3. 负责部门会议安排、下发会议通知，并完成会议文字材料及会议纪要的整理； 4. 按时完成本部门周、月工作计划和总结，跟进工作计划的落实情况，及时向领导反馈工作进度； 5. 协助审核、修订本部门管理规章制度，进行日常行政工作的组织与管理，为其他部门提供及时有效的行政服务；					

(续表)

6. 确保办公设备用品的正常状态，及时安排例行的维修保养，合理领用办公文具；

7. 做好部门内部及与其他部门的沟通及信息传递工作；

8. 建立并及时更新本部门二级台账，协助进行资产购置、验收、调拨、减损、报废、出租、外借、免赔的审核及处理；

9. 跟踪、检查、盘点本部门资产，协助部门员工离职调动时的资产交接及变更登记工作；

10. 确保办公设备用品的正常使用，及时安排例行的维修保养，合理申领及派发办公用品；

11. 做好市场营销部内部及与其他部门的沟通及信息传递工作；

12. 对所有文件进行分类保管；

13. 会员入会、转让、缺席等手续的办理，核对会员资料，负责客户信息及会员信息资料库的更新及整理，负责推广活动的协助跟进及推广物料的数据统计与订购工作；

14. 客户意见的收集、汇总并及时反映至相关部门；

15. 协助市场销售经理建立客户回访流程及标准，并跟进回访电话的执行；

16. 完成本部门负责人交办的其他工作。

四、沟通关系	
内部沟通对象	俱乐部运作部、餐饮部、运动中心、财务部、保卫部、人事部
外部沟通对象	无

五、岗位任职资格要求			
性别要求	不限	年龄要求		学历要求	大专或以上学历
经验要求	有经验者优先			
能力要求	具备良好的口头及文字表达能力、沟通能力及组织协调能力；熟悉常用办公设备，能熟练操作办公软件。			

（四）预定员

表 1-11

一、岗位基本信息				
岗位名称	客服专员	岗位编号		岗位定员	
所属部门	市场营销部	直接上级	客服经理	直属下级	无
二、岗位职责概述				
熟悉俱乐部的各项政策和讯息，为宾客的问询提供服务并适时地予以帮助，为客户提供高质的预定服务。				
三、岗位职责范围及工作要求				
1. 熟悉本岗位的有关业务知识； 2. 认真做好交接班工作； 3. 按工作程序迅速、准确地接听电话； 4. 热情友好地接受客户的问询，并迅速为客户解答； 5. 主动向客户推广俱乐部的活动； 6. 更新每日俱乐部信息； 7. 了解所有的预订程序和制度； 8. 掌握俱乐部的组织结构，熟悉俱乐部主要负责人和各部门负责人的姓名； 9. 熟悉常用电话号码； 10. 做好客户的信息保密工作； 11. 执行各项管理制度； 12. 完成上级交待的其他工作任务。				
四、沟通关系				
内部沟通对象	俱乐部运作部、餐饮部、运动中心、财务部、保卫部、人事部			
外部沟通对象	所有会员、嘉宾、访客			

(续表)

五、岗位任职资格要求			
性别要求	不限	年龄要求	学历要求 大专或以上学历
能力要求	具备较强服务意识、执行能力和部门协调能力及中英文沟通能力，熟练操作办公软件。			

【实训练习】

实训项目

本项目的主人公周彤了解了高尔夫俱乐部客户服务部的岗位设置，了解客户服务经理、客户服务专员等岗位的职责，为更好地完成客户服务工作打下基础。

实训目标

1. 使学生了解高尔夫俱乐部客户服务的岗位设置。
2. 使学生了解客户服务经理、客户服务专员等岗位的职责。

实施过程

将全班学生分为 3~5 个学习小组，以小组为单位收集客户服务名人信息，讨论客户服务经理、客户服务专员的岗位职责，并对其他团队的成员提问进行回答。各团队根据活动内容做总结。

实训考核

1. 团队成员的协作性（20%）；
2. 了解、搜集、使用网络信息的能力（20%）；
3. 项目工作完成的合理性、逻辑性、创新性（30%）；
4. 团队成员表演、讨论、发言的参与性（30%）。

【作业与思考】

请同学们上网收集国内高尔夫俱乐部市场营销部客户服务工作的岗位职责，并思考如果你是一名高尔夫客户服务人员你应如何更好地履行职责？

第二单元
高尔夫市场营销部岗位实践

市场营销部的主要工作包含了市场策划、产品销售和客户服务等内容。在实践工作中，策划岗位的主要工作是产品策划、宣传策划和活动策划。而为俱乐部发展战略提供决策依据的综合性战略方案策划，基本上是依靠专业的策划公司来完成。销售岗位的主要工作不仅局限于会籍产品和套餐的销售，还要在与客户的沟通过程中，善于发现和总结问题，并将其反馈给相关领导，作为部门决策的主要依据之一。对于客服岗位来说，既要熟练掌握本岗位的各项业务，又要具备一定的沟通技巧。良好的客户服务质量，对企业形象无疑有着正面的助益。

模块一　高尔夫俱乐部产品策划

产品策划的主要内容是开展市场调查、收集并筛选有价值的信息，通过对这些信息的分析判断，掌握市场动态；根据不同的时机和客户的需求，策划出合理的产品或产品组合；负责所有广告宣传的策划及推广，策划报告的撰写；负责新产品推广策略的制定；根据俱乐部有关经营发展战略，制订年度、季度、月度推广策略方案，呈报部门领导；负责俱乐部网站、内刊的编辑、制作、更新等工作；负责俱乐部所有宣传品的设计、校对及印刷等工作；负责与媒体的沟通协调工作；负责俱乐部赛事的策划与宣传；参与各项策划的具体执行。

项目一　市场调查

【项目情景】

杨昊以饱满的精神来到俱乐部报到。在办理完入职手续后，策划经理李翔把杨昊叫到自己的办公室，说道："由于我们是第一次接触高尔夫，你是学高尔夫市场营销的，是专业人士了。我们对高尔夫行业还不太熟悉，需要你对同事们多做一些工作指导，至于策划方面的知识你接触得不多，但可以和其他同事多交流，学习一下。我们目前的主要工作是市场调查、目标市场的选择与定位、产品策划、价格策划、渠道策划、促销策划等工作。这两天你先熟悉一下公司的情况吧。"

李经理几句简短的谈话，让刚刚毕业的杨昊感觉到了无形的压力，他暗暗地为自己鼓劲加油，告诉自己一定要尽快地肩负起领导安排的工作，努力做出一番成绩，不辜负领导的期望。

讨论与交流

杨昊目前的工作是尽快地熟悉工作环境。接下来根据俱乐部的营销需要进行市场调查并学会撰写市场调查报告。

【学习目标】

技能目标
1. 进行高尔夫市场调查；
2. 撰写市场调查报告。

知识目标
1. 掌握市场调查的内容、步骤和方法；
2. 掌握高尔夫市场调查的方法；
3. 掌握高尔夫市场调查的流程。

素养目标
1. 培养学生吃苦耐劳的精神；
2. 培养学生细致、敬业的职业习惯。

【任务分解】

任务一　高尔夫市场调查
任务二　撰写市场调查报告

任务一　高尔夫市场调查

一、高尔夫行业的市场调查的目的与作用

(一) 市场调查的目的

高尔夫行业的市场调查的目的主要是掌握周边地区的高尔夫市场竞争状况、对比主流高尔夫产品差异、分析高尔夫客源结构等内容。市场调查是以科学的方法，通过对区域性高尔夫市场信息资料的收集、记录、整理和分析，并从基础上提出解决高尔夫经营问题的方案和建议，为俱乐部的经营决策提供翔实、可靠的市场依据。

(二) 市场调查的作用

市场调查有利于俱乐部价格体系的制定和完善。产品的价格不仅决定于其价值，还受到产品供求情况的影响。供不应求时产品价格高于其价值，供过于求时产品价格又低于其价值。这一理论对高尔夫市场同样适用。简单来说，同一市场区域内，不同的高尔夫俱乐部因其市场定位、目标客户定位的不同，其所执行的收费体系也有所不同。通过全面的调查分析，准确把握市场的潜在需求，从而使俱乐部在市场定位和价格体系的制定上占据主导地位，也将使俱乐部在市场竞争中处于优势地位。

市场调查有利于高尔夫会籍产品的开发和创新。通过市场调查了解消费者的不同需求，紧跟并满足市场需要。消费者的需求是多种多样的，不同年龄、性别、职业、经济能力，甚至个人爱好都可能影响其需求。市场需求不是一成不变的，它会随具体市场情况变化而变化。俱乐部可根据这种特定的市场需求，设置适合不同人群的细分层次，如年度会员、家庭会员、公司会员、分时度假会员、平日会员、名誉会员等。

市场调查有利于了解竞争对手，增强俱乐部的核心竞争力。只有全面地了解竞争对手的产品特性、销售渠道及其在市场竞争中所处的地位，才能为俱乐部制定经营战略提供科学的决策依据，进一步增强俱乐部的核心

竞争力。在我国，由于受区域经济状况、俱乐部所处的位置、交通条件以及相关配套设施完善程度等因素的影响，各俱乐部的产品特性、经营定位也迥然不同。例如，同一区域内的俱乐部，有的配套设施完善，有五星级酒店、温泉等；有的环境优越，地处国家级旅游景区内；有的交通便利，位于机场附近；甚至有的在市内。这些不同的特点，致使各俱乐部所采取的经营策略也不尽相同。

二、高尔夫市场调查的内容

（一）消费者调查

现代高尔夫俱乐部的主要活动是满足消费者的需求。因此，掌握消费者的变化规律是市场调研的重点内容。对消费者的调查主要是调查其消费类别、层次、需求；分析消费者的购买动机，包括购买欲望、动机、习惯、方式及消费心理、知识、购买力等。

（二）市场需求量

调查市场需求量是高尔夫俱乐部进行决策、制订计划和实行定额生产的基础。主要调查市场对俱乐部产品的需求量及分布；市场需求量变化及发展趋势；潜在市场转化为现实市场的可能性；俱乐部产品的市场覆盖率和占有率。

（三）影响市场因素的调查

1. 环境因素调查

环境因素包括国际国内环境、政策、法规条例等政治状态；包括国际国内经济结构、购买能力和消费方式等经济动态；包括社会风俗、宗教信仰、民族特点、人口、家庭、职业结构、文化素养、受教育程度及地理、气候等。这些因素常常决定着产品的市场要求和发展方向，与市场经营有着密切的关系。

2. 产品因素调查

产品因素调查主要调查产品种类、权益、价格、客户接受度等各方面的意见、要求和建议。

(四) 市场营销调查

包括销售推广调查和分销途径调查。销售推广主要调研各种销售方式，包括广告、宣传、推销、产品权益、价格和销售服务等策略和现状；分销途径主要对销售地区的市场特性、俱乐部产品的占有率、分销合作伙伴、竞争产品的现状等进行调查，分析研究客户在健身、娱乐、商务等方面的需求。

(五) 市场竞争调查

一般指对竞争对手的总体能力的调研分析，即调查竞争对手的数量、规模、市场占有率、竞争产品的权益和价格及潜在竞争对手的情况，分析竞争形势、产品竞争特性等。

三、高尔夫市场调查的方法

1. 询问法

对被调查人进行当面或致函、电话、网上询问等方式进行收集资料的一种调查方法。在采用这种方法时应该注意一些必要的程序。首先，设计一套精确而简单的调查表。调查表内容要直接、得当、简要。这种方法所取得的数据贴合实际。但是，这种调查方法会面临以下两种负面情况：一是被调查人为了自身的商业秘密而未透露真实情况，另外一种情况是受到调查对象本身的意义认识程度的影响。所以采用"询问法"的市场调查结果还必须要参考通过其他途径所得资料。

表 2-1

调查项目	差（极低）	一般	好（中等）	优秀（高）
球场设计				
会员价格				
服务质量				
场地保养				
配套设施				
访客价格				
设施价格				
综合评价				

2. **观察和交谈法**

直接观察和结合交谈的方法来了解市场行为、反应和感受。此法可避免陷入被调查人设置的陷阱或因受到调查对象本身的意义认识程度的影响。因此，收集到的资料比较客观公正。如果以旁观者的身份直接切入，能更好地获得到消费者的购买动机、态度及反馈意见等信息。因此此法需要暗地里进行，不宜张扬。

3. **体验法**

采用邀约客户体验的方法对多种市场影响因素进行验证。此法能分析复杂的消费行为和购买心理。但试验结果受邀约客户的行业、数量和客户质量等因素影响较大。

四、高尔夫市场调查的流程

（一）拟订调查计划

1. **确定调查对象和范围**

首先，需要收集、统计、分析各项相关调查对象的资料，包括产品种类、产品权益和价格、竞争者、广告、消费者数量、购买者动机。这些资料可为调查及分析人员提供初步印象，便于发现其中的因果关系。其次，调查与目前调查对象和范围相关的过去资料，以进一步确定上述的初步印象和因果关系是否合理。再次，结合俱乐部的自身特点，从上述分析的因果关系中寻找和确定对俱乐部市场影响较大的因素，作为深入调查的对象和范围。

2. 设计收集资料的方法

（1）设计调查表：调查表是市场调研的重要工具。常用的有两种调研设计表：一种为拟定问卷表；另一种为踏勘调研表。在进行市场调研前，按照调研的目的，事先拟定好调研提纲和问题或踏勘内容。在进行广泛调研时，通常采用书面形式。如何设计一个理想的调研表？首先需要确定调研主题，明确调研重点。其次，需按照调研提纲进行试探性调研。拟定调查表中任何一个简单问题的措词、语气或项目设置都很重要。如果设计得不好，所得结果往往与事实相距甚远。因此，拟定调查表时应力求做到目标明确、重点突出、用词简练、语言亲切、文字有趣、深度适中，既使调研对象便于回答，又能使调研者便于统计，以达到预期效果。踏勘调研表需要根据调研的重点内容进行设计，要求调查表设计者亲自踏勘和走访与之相关的各种项目。

问卷调查表的设计方法主要有六种：第一种是只提供问题，不提供任何答案选项，让调研者自由问答，不加限制，从中获取信息，即自由设计表，其缺点是答案分散，统计困难；第二种是提供两个互相排斥的答案选项，由回答者选择其中一项，即真伪法，其缺点是无法表示程度差异；第三种是提出事先拟好的几个答案选项，让调研对象从中选择一个或多个答案，即多项选择法；第四种是设置若干个相互并不排斥的答案选项，由被调研者按照自己的意愿对答案选项排列先后次序，即顺序法，此法的优点是可顺利统计出各项的重要程度；第五种是调研对问题的认识或所持的态度，即评判法；最后一种是调研同类产品在消费者心目中的地位和态度，即为比较法。

（2）确定产品样本：当确定了调查对象和范围之后，需要确定产品样本数。样本的大小要根据调查对象和范围的具体情况进行决定，另外还要根据客户动机、习惯、经济能力和该产品在市场上的口碑决定。产品样本抽取要尽可能大，要具有代表性，能反映调查对象的真实情况。若调查对象和范围的母体较小，可进行普查；如母体较大，应进行抽样调查产品样本可按最准确程度的要求进行抽样设计。

（二）实地调查

调查计划做好之后，应该开始着手进行实地调查。实地调查中需要注意指导调查对象的具体填表过程。调查表只能一人一份，否则应予以作废。如果调查人员不够，需委托第三方进行调查时一定要交代清楚注意事项。

实地调查时需要选择有效的调查对象。一般来说，相对于其他行业的市场调查，高尔夫市场的实地调查相对简单。因为受政策影响和投资规模的限制，在同一地区的高尔夫俱乐部数量极为有限，且其他的高尔夫室内、室外练习场和培训机构的数量也不大。在进行实地调查时，可采取大致摸底，然后制定合理的调查路线图，根据线路图的规划直奔主题进行调查是降低成本的有效捷径。

（三）统计分析

调查完成后，需要对收集到的数据进行整理、汇总、分析。这些工作可运用数学统计分析的方法进行。

（四）结论

上述工作完成后，需要对调查进行总结并给出调查结论。调查结论要通过数量化来进行解释和说明，表达要清楚、结论要肯定，一些尚未能确定的结论需要解释和分析其原因。

【实训练习】

实训项目

杨昊所在的高尔夫球场项目位于河北北部一个小县城的东部，距承德约1小时车程、距北京约1.5小时车程、距天津约2小时车程，请你为杨昊和他的同事们拟定调查计划，以调查周边的高尔夫俱乐部的服务水平、配套设施、客流量等情况。通过训练，帮助学生认识市场调查报告在营销实践中的重要作用，使学生能够根据市场调查的内容，合理选择市场调查的方法，制定可行的市场调查方案。

实训目标

1. 使学生能够了解市场调查的方法；

2. 使学生能掌握市场调查的流程；

3. 使学生能够制定市场调查方案。

实施过程

1. 让学生以团队为单位，确定被调查的高尔夫球场及具体的市场调查内容，合理选择市场调查的方法，并按照高尔夫市场调查的流程，为某家高尔夫俱乐部制定市场调查方案；

2. 每个团队在讨论分析的基础上整合思路、形成调查方案框架；

3. 每个团队归纳总结，形成市场调查方案；

4. 每个团队将结果制作成 WORD 文档，用 PPT 来演示及讲解团队的活动成果，展示团队拟定的市场调查方案，并对老师和其他团队成员的提问给予合理的解释。

实训考核

1. 市场调查方案撰写的结构合理、层次清晰、具有逻辑性及创新性（20%）；

2. 市场调查方案要具体、有可操作性（20%）；

3. 团队成员表演、讨论、发言的参与性（30%）；

4. 团队成员的协作性（30%）。

【作业与思考】

阐述高尔夫市场调查对俱乐部营销策略的制定所具有的重要意义。

任务二　撰写市场调查报告

一、市场调查报告的类型

市场调查报告并非对市场现象的一般性描述，而是经过对市场现象的科学分析和总结，揭示出事物的本质。它是调查者的思想、立场、知识、能力和才华的综合体现。

调查报告依据不同标准可划分为以下几种类型：

（一）依据调查目的不同可分为理论型调查报告和实际型调查报告；

（二）依据调查对象的范围和关系不同可分为概况型调查报告和专题型调查报告；

（三）依据调查的性质不同可分为叙述型调查报告和分析型调查报告；

（四）依据表达形式的不同可分为文字报告和口头报告。

二、市场调查报告的格式与结构

市场调查报告作为一种特殊的应用文，其格式特点总的来说是开门见山，准确简练。从一般结构上看，一篇完整的调查报告由标题、目录、摘要、正文和附录等几部分组成。

（一）报告标题

报告题目应简明准确地表达报告的主要内容，一般是通过突出市场调查过程中最具特色的环节的方式，来揭示报告所论述的内容。其格式可以只有正标题，例如，《关于××高尔夫俱乐部周边消费人群消费状况与趋势的调查报告》；也可以采用正副标题的形式，例如，《高尔夫不再是富人的象征——高尔夫大众化的调查报告》。调查报告的标题下方，须注明报告人或单位名称、报告日期，然后另起一行，注明报告呈交的对象，这些内容编排在调查报告的首页。

（二）报告摘要

报告摘要主要包括以下四个方面的内容：

1. 明确指出调查的目的；
2. 简要指出调查时间、地点、对象、范围以及调查的主要项目；
3. 简要介绍调查实施的方法、手段以及对调查结果的影响；
4. 提炼调查的主要发现及结论。

（三）正文

调查报告的正文应依据调查内容充分展开，是一份完整的市场调查报告的主题内容。一般来说，调查报告的正文应包括以下四个主要部分：

1. 调查方案，包括对整体方案和技术方案的执行评价，特别是对调查对象的选择，问题的设计与依据，调查执行的方式、手段及调查时间等方面均需给予评价。
2. 指出分析问题的角度及出发点，包括对调查方式的解释及调查误差的估计。
3. 分析调查数据，并提出结论性意见。
4. 根据调查数据，对俱乐部的产品运营提出建议、对策，并对其市场前景及发展趋势进行估计等。

正文要求言之有据，简练准确。每层意思可以用另起一段的方式处理而不需刻意注重文字的华丽与承接关系，但逻辑性要强，要把整个报告作为一个整体来处理。

（四）附录

附录是指调查报告正文中无法阐述的内容或对正文结论的说明，是正文报告的补充或更为详细的专题性说明。例如：数据的汇总表、统计公式或参数选择的依据，与调查主题相关的整体环境资料或有直接对比意义的完整数据等，这些资料均可单独成为报告的附件。

三、市场调查报告的撰写

撰写程序

撰写调查报告是把调查分析的结果用文字表述出来,撰写的程序一般包括以下步骤:

(一) 确定调查报告的主题

调查报告的主题是调查报告的中心问题,是调查材料的客观性与调查者主观认识的统一体,是形成思路、组织材料的基本依据和出发点。

1. 确定主题应注意以下几个方面:

(1) 调查报告的主题必须与调查主题保持一致;
(2) 要根据调查分析的结果确立观点并重新审定调查主题;
(3) 调查报告的主题不宜过大。

2. 取舍资料

资料是形成调查报告主题观点的基础;观点是资料的统帅和代表,决定着对调查资料的取舍。根据调查报告的主题观点取舍调查资料是撰写调查报告必须遵循的主要原则,在取舍材料时应注意几点:获取充分、完整的资料,依据主题筛选资料,根据实际情况进行多次取舍。

3. 拟定提纲

提纲是调查报告的骨架,可以帮助报告撰写人理清思路。

4. 撰写报告

在完成提纲的拟写后,便可以正式撰写调查报告了。在撰写报告的过程中,除按照调查报告的格式,以事实为依据组织内容编写外还应注意以下几点:

(1) 报告内容要通俗易懂

调查报告应摆事实、讲道理,内容是市场经济中的现象,因此需讲清市场现象发展变化的趋势和规律性。写报告是为了给决策者看的，所以要用他人看得懂的文字表述观点，切忌使用不当的华丽词语、借用"大名词"显示学问及滥用图表。

（2）使用材料要准确，分析问题要深刻

内容通俗易懂与深入分析问题并不矛盾，只是要求在深入分析问题时，使用大众化语言，这样并不会降低调查报告的水平和质量。

此外，表达要"活"。"活"就是文字生动、活泼，形式灵活多样。针对不同需要采取不同的反映形式。例如，适当使用图表既可以清楚地反映问题，又可以打破一味叙述论证的呆板形式。

（3）对报告初稿进行合理修改

任何写作都不是一次性完成的，调查报告更是如此。它不但涉及语言文字的运用，更重要的是事实根据的引用。因此调查报告必须反复修改、逐句审查、严把质量关。

（二）调查报告的写作特点

调查报告是一种陈述性和说明性相结合的文体，在篇章结构、语言运用等方面有独特的要求，其表达方式应以说明为主。

（三）调查报告的语言特点

调查报告不是文学作品，它具有较强的应用性，因此它的语言要求严谨、简明和通俗。

（四）调查报告中数字的运用

调查报告中的数字既要准确，又要讲究技巧，力求把数字用得恰到好处。

【实训练习】

实训项目

选择杨昊所在的高尔夫球场项目，从调查消费者的消费情况出发，根据市场的实际情况及俱乐部的自身条件，撰写消费者消费情况市场调查报告。通过训练，使学生了解市场营销调查报告的含义与类型、撰写的格式和结构、撰写的程序及市场营销调查报告的写作特点等，最后完成市场调查报告的撰写。

实训目标

使学生能够了解市场营销调查报告撰写的步骤和方法。

实施过程

1. 让学生以团队为单位，选择上一任务中的高尔夫俱乐部，从调查消费者的消费情况出发，根据市场的实际情况及俱乐部的自身条件，撰写消费者消费情况市场调查报告。

2. 每个团队在讨论分析的基础上进行编制、整合思路。

3. 每个团队归纳总结，形成市场调查报告框架的内容。

4. 每个团队将结果制作成 WORD 文档，用 PPT 演示及讲解团队活动成果，展示市场营销调查报告，并对老师和其他团队的成员的提问给予合理的解释。

实训考核

1. 结合选择俱乐部的消费者市场所作的分析的全面性、正确性（40%）；

2. 报告撰写的条理性、逻辑性、创新性、可操作性（20%）；

3. 团队成员表演、讨论、发言的参与度（20%）；

4. 团队成员的协作性（20%）。

【作业与思考】

选择周边一家高尔夫俱乐部，确定调查内容，撰写市场调查报告。

项目二　　高尔夫目标市场的选择与定位

【项目情景】

杨昊和同事经过三个多月的共同努力，考察了京、津、冀区域 32 家风格迥异的俱乐部、15 家各具特色的室内外练习场。他们从各个俱乐部收集了一些产品宣传资料，就各俱乐部的软硬件设施、客流情况、消费差异、会籍产品内容以及大小练习场的功能和经营状况做了简要的总结，并在一个月后向张经理提交了一份初步的市场调查报告。张经理对报告提出了一些修改及补充意见，要求策划人员在全面研究调查结果的基础上，对俱乐部的目标市场选择给出明确的建议。经过这次的市场调查，杨昊似乎有了一些感悟，他调查过的俱乐部有品质高、配套设施全的纯会员制俱乐部，也有配套设施简易、球场建设和养护水平相对较低的混合式俱乐部；有门庭若市的繁忙俱乐部，也有客人稀疏的清冷俱乐部，种种差异使杨昊有了些许感悟，但却无法清晰地表达出来。但他必须要从看似茫然无绪的市场调查中，为自身所属的俱乐部提供一个准确的市场定位依据，这也是他的新使命。

讨论与交流

在充分的市场调查和数据分析后，下一步的工作内容应是什么？还需要学习哪些知识？

【学习目标】

技能目标

1. 能够对一家高尔夫俱乐部的市场细分、目标市场选择以及市场定位进行深入的分析与评价；

2. 能够对高尔夫市场细分、目标市场选择以及市场定位进行初步的评估并对俱乐部的推广作初步策划。

知识目标

1. 理解高尔夫市场细分原则及作用；

2. 掌握高尔夫市场细分的标准与方法；

3. 能够进行高尔夫目标市场的选择与定位。

素养目标

1. 培养学生吃苦耐劳的精神；

2. 培养学生爱岗敬业的精神。

【任务分解】

任务一　高尔夫目标市场的选择
任务二　高尔夫目标市场的定位

任务一　高尔夫目标市场的选择

对于任何一家高尔夫俱乐部来说，具有前瞻性的准确的市场定位，意味着整个项目的盈利能力更强和生命力更持久。准确的市场定位离不开对目标市场的细分和选择。根据市场细分的结果，结合本俱乐部的资源优势和条件选择俱乐部的目标市场，明确俱乐部的客户群体，实施相应的营销策略，实现俱乐部的发展战略。

一、对高尔夫目标市场进行细分的目的

市场细分的目的在于有效地选择和进入目标市场。所谓高尔夫目标市场就是高尔夫俱乐部决定要进入的那部分细分市场，即高尔夫营销的目标消费群体。

二、高尔夫市场细分的步骤

市场细分的步骤因市场的类型不同而有所差异。高尔夫市场细分的理论依据是消费者需求的异质性。根据这一理论，在市场细分过程中，可以分为以下几个步骤：

（一）界定异质市场

高尔夫俱乐部在进行市场细分时，应结合俱乐部的自身情况、高尔夫消费者的消费特征及市场需求等状况对市场进行分析，找出市场异质性规律，从而正确地界定俱乐部所面临的异质市场。

（二）市场细分依据

高尔夫消费者具有多种市场细分因素，如人口属性、心理属性、消费行为等特征。高尔夫俱乐部可以结合同行业的营销经验和以往的经营结果来判断预测，并通过对消费者的抽样调查来寻找消费者的需求并以这些需求作为市场细分的依据。

（三）选择细分市场标准

通过寻找消费者需求，获得大量市场细分依据，经过分析，剔除特点不突出的一般性需求因素，结合一些特点类似而又明显的消费需求因素，筛选出具有代表性的、特征鲜明的需求，作为细分市场的标准。

（四）分析和评估细分市场

在完成以上三个步骤的前提下，对市场进行分类，衡量各细分市场的规模，分析和预测各细分市场的盈利能力，评估各细分市场的竞争程度和发展趋势。

三、确认目标市场

通过对各细分市场的识别、分析和评估后，选择可进入的细分市场作为目标市场，从而使俱乐部的营销活动围绕目标市场进行。

（一）确认目标市场的依据

首先，需要考虑本俱乐部的综合实力，包括资金状况、项目规模、配套设施、球场设计及建设状况等因素，排查出与之不匹配的细分市场。

其次，就与本俱乐部同质型的俱乐部的经营状况进行详尽的调查评估，根据已细分的市场进行匹配，评估其效果，对本俱乐部不足之处予以重点关注。

再次，关注同质型俱乐部中经营效益居前的俱乐部，就其现行产品和营销手段进行总结，对比已细分的市场进行归类，吸取其成熟的经验。

（二）确认目标市场

在综合考虑各项因素后，挑选与本俱乐部自身条件高度匹配的细分市场作为目标市场。

【实训练习】

实训项目

杨昊所在的高尔夫俱乐部项目位于河北北部一个小县城的东部，距承德约1小时车程、距北京约1.5小时车程、距天津约2小时车程，筹建中的18洞球场在一个丘陵地带，由于地方政策所限，俱乐部的建设用地总计约1200亩。扣除球场建设用地，可用于配套建设的用地十分有限。因为该项目距高尔夫行业非常发达的北京、天津较近，又靠近旅游胜地承德，公路交通便利。杨昊和他的同事们最终所选择的目标市场，将在很大程度上影响该项目的球场及配套设施的建设规模、功能及档次。请你为杨昊和他的同事们选择该俱乐部的目标市场。

实训目标

1. 使学生掌握并能综合运用市场细分的基本知识；
2. 使学生具备目标市场的能力。

实施过程

1. 让学生以团队为单位，根据俱乐部的市场竞争情况及自身情况，为杨昊所在的高尔夫球场项目，进行市场细分；
2. 根据俱乐部的细分市场，确定目标市场；
3. 每个团队将学习总结制作成WORD文档，并用演示PPT的形式进行汇报。

实训考核

1. 实地调研情况以及搜集资料的有效性（30%）；
2. 项目工作完成的合理性、逻辑性、创新性（30%）；
3. 团队成员讨论、发言、汇报的参与度（20%）；
4. 团队成员的协作性（20%）。

【作业与思考】

在网上收集一家高尔夫俱乐部的资料，分析它是如何进行市场细分的。

任务二　高尔夫目标市场的定位

一、高尔夫目标市场定位

随着高尔夫运动的发展，其市场竞争日趋激烈。为了树立市场形象，吸引特定的消费群体，高尔夫俱乐部必须想方设法使自己的产品特点鲜明、具有价值潜力使产品在市场上占据有利位置，以区别并优越于竞争对手的产品，这就是市场定位。"世界上没有相同的高尔夫球场"，这句话不单指的是球场的造型、球场所处的地域、位置、投资规模、设计概念和建造水平，更体现在市场定位和经营理念的不同。

二、高尔夫目标市场定位的影响因素

通过对高尔夫市场进行市场细分及对目标市场的选择，俱乐部的市场定位也呼之欲出了。进行高尔夫市场定位，在一定意义上讲，就是俱乐部要在消费者心目中塑造的企业和产品形象。这需要着重考虑以下几个因素：

（一）周边市场的竞争状况

周边市场竞争是影响高尔夫俱乐部收益的决定性因素。由于高尔夫市场具有目标区域大、目标人群少的特点，因此，同一区域内即使仅有几家高尔夫项目，也会形成激烈的竞争。这就要求高尔夫俱乐部对周边竞争对手的情况有清楚的认识，否则同质化严重，容易"撞车"，引发恶性竞争，影响自己的经济效益。对周边竞争对手的情况的清楚认识包括：对周边俱乐部的数量、地理位置分布、球场质量、价格（包括各种服务项目收费），

会籍产品品种及权益，配套设备设施，服务水平、管理理念，经营状况等。所掌握的资料越详细越好，有利于从中吸取经验教训，找到市场细分空间，进行差异化经营，奠定俱乐部的市场地位。

（二）市场的潜在需求

潜在需求的研究是市场研究中最难也是最关键的一环。市场就是客户的需要，不知道客户需要什么，市场就无从谈起。如：什么样的客户需要什么样的球场和相关配套？需求量有多大？特别是消费者的心理趋向、爱好和习惯。有本地市场资源的就着重研究本地市场的走势，旅游概念的俱乐部所研究的客户范围就应该更广泛一些。集合各种因素，找出客户的潜在需求，找准俱乐部产品的市场定位。

（三）确定核心竞争优势

从某种意义上来说，市场定位的核心就是产品定位。一个成功的产品定位，不但要考虑竞争对手的优势、劣势及潜在客户的需求，更要着力发挥出俱乐部自身的核心竞争优势。那么，构成高尔夫俱乐部的核心竞争优势的因素有哪些呢？首先是地理位置，有资深人士说过："决定市场的，第一是位置，第二是位置，第三还是位置。"地理位置的重要性可见一斑。如果我们将高尔夫项目简单地分为都市型和乡村型，那么地理位置对产品的影响就不言而喻了。其次是交通条件。位于交通枢纽周边的项目产品的定位所需考虑的市场覆盖面会更广泛一些。然后是项目的配套设施。环境好，位于景区、海滨、丘陵、山地等具有独特景观的项目，其产品定位应重点考虑旅游产品；配套设施好，有温泉、停机坪、游艇码头、五星级酒店等配套设施的项目其产品定位就要考虑高端客户的需求；建设、运营成本低的项目其产品可以考虑采用低价策略，形成价值洼地效应，以吸引周边客户，增强俱乐部产品的市场竞争力；当然，还有其他的一些因素，也可能成为俱乐部核心竞争力的构成因素之一。

三、高尔夫市场定位策略

高尔夫市场定位策略是一种竞争战略，体现了一个高尔夫俱乐部与其他俱乐部之间的竞争关系。定位策略不同，竞争的态势也就有所不同。实际上定位就是要设法建立一种竞争优势，以便在细分市场上吸引更多的客户。高尔夫俱乐部的市场定位策略主要有以下几种：

(一) 第一定位策略

各行各业，在每一个具体的区域中，总有一些被社会公认的、竞争力处于第一位的企业。这样的企业名气大、信誉好，光凭实力就能抓住顾客，其他竞争对手很难动摇它们的市场。做第一，能给消费者留下深刻印象，如观澜湖高尔夫俱乐部，拥有唯一汇聚五大洲球场风格的10个世界锦标级球场，2005年5月被吉尼斯世界纪录组织认证为世界第一大高尔夫俱乐部。这种品牌效应给观澜湖高尔夫俱乐部带来巨大的经济效益和深远的市场影响。

(二) 跟随定位策略

一些高尔夫俱乐部自知做不了第一俱乐部，便跟随第一俱乐部成为竞争地域的第二或第三俱乐部。这种策略的关键是要让消费者知道，俱乐部虽不是第一俱乐部，但也是行业的佼佼者，同样能够提供具有吸引力的产品和服务。采用跟随战略的好处就是目标不大，树敌不多，可以相对减少市场阻力，还可借用第一企业培养市场的功效，顺势而上，达到营销目的。

(三) 空间定位策略

空间定位策略就是寻找消费者所看重的，而未被竞争者所重视的空间进行定位。实际上这是一种补位策略，将竞争者留下的市场空位迅速补上，并牢牢抓住不放，以在竞争激烈的高尔夫市场占据一席之地。运用这一策略的高尔夫俱乐部一般为新加入行业的俱乐部和实力相对较弱的俱乐部。

(四) 重新定位策略

重新定位也称二次定位或再次定位。高尔夫俱乐部在目标市场定位后，经过一段时期的经营，发现消费者需求发生变化，或者俱乐部原有定位与消费者的需求不符等情况，及时重塑其产品特色，以改变目标市场消费者对原有市场定位的认识和印象。重新定位主要是为了使俱乐部与竞争者拉开市场距离，做到更具特色，达到吸引消费者的目的。

【实训练习】

实训项目
请你为杨昊所在俱乐部选择的目标市场进行定位。
实训目标
1. 训练学生综合运用市场定位的基本知识；
2. 训练学生运用高尔夫市场定位策略的能力。
实施过程
1. 让学生以团队为单位，为杨昊所在的高尔夫项目分析目标市场定位的影响因素；
2. 根据俱乐部的市场情况及自身情况，确定目标市场定位；
3. 每个团队将制订的目标市场定位方案制作成 WORD 文档，并用演示 PPT 的形式进行汇报。
实训考核
1. 实地调研情况以及资料搜集的有效性（30%）；
2. 项目工作完成的合理性、逻辑性、创新性（30%）；
3. 团队成员讨论、发言、汇报的参与度（20%）；
4. 团队成员的协作性（20%）。

【作业与思考】

请同学们收集国内几家不同档次的高尔夫俱乐部，看看它们是如何对目标市场进行市场定位的，分析他们的市场定位异同点。

项目三　产品策划

【项目情景】

杨昊所在的俱乐部终于要开始试营业了，俱乐部的销售经理是从北京的一家五星级酒店聘请过来的，对高尔夫行业的了解不多，策划经理李翔安排杨昊配合销售经理在本周内完成会籍产品的初步销售策划方案，并在下周的市场营销部例会上进行讨论。

讨论与交流

高尔夫会籍产品包括哪些类型？高尔夫俱乐部应如何进行新会籍产品的开发？

【学习目标】

技能目标

1. 能够判断会籍产品的类型；
2. 能够根据会籍产品生命周期的不同阶段制定的对应的营销策略；
3. 能够制定新会籍产品开发的策略。

知识目标

1. 掌握高尔夫会籍产品的类型、整体概念、产品特点；
2. 掌握高尔夫会籍产品各生命周期特点及各阶段的营销策略；
3. 了解高尔夫新会籍产品的含义及类型；
4. 了解新会籍产品开发的策略。

培养目标

1. 培养学生吃苦耐劳的精神；
2. 培养学生爱岗敬业的精神；
3. 培养学生团结合作的意识。

【任务分解】

任务一　分析高尔夫会籍产品
任务二　高尔夫新会籍产品的开发

任务一　分析高尔夫会籍产品

会籍产品在高尔夫俱乐部的营销战略中摆在第一位的营销要素，其他要素诸如价格体系、销售渠道、促销手段等等，都是围绕会籍产品进行的。

一、高尔夫会籍产品的类型

由于高尔夫市场存在区域性差异、季节性差异和俱乐部个体差异等因素，所以会籍产品的种类繁多，其权益也千差万别。一般来说，会籍产品的种类大致可按以下几种方式进行区分。

（一）按会籍使用期限区分：分为终身会籍和短期会籍。其中，终身会籍的使用年限大多与俱乐部经营年限或土地使用年限同期，因此价格较高。而短期会籍则形式各异，如：年度会籍（可分为一年期至多年期不等）、季度会籍、月度会籍（一般较少）等，其中年度会籍价格相对较低。

（二）按会籍购买者主体区分：分为个人会籍和法人会籍（也称公司会籍）。顾名思义，个人会籍的购买者是个人，而法人会籍的购买者是公司。就同一俱乐部出售的会籍来说，法人会籍价格较高，个人会籍价格略低。

（三）按会籍使用主体区分：可分为记名会籍和不记名会籍。记名会籍仅限记名人本人使用，而不记名会籍则无此限制。一般来说，不记名会籍因其可以不记名使用，对俱乐部的长期经营影响较大，此类产品的推出较为谨慎，价格也偏高。而记名会籍则与之相反，价格较低。

（四）其他类型：还有一些会籍产品，虽然没有明确的划分标准，但是却有着鲜明的特点。如创始会籍、二手会籍、限次会籍、平日会籍、旅游会籍、储值型会籍等等。

二、高尔夫会籍产品的整体概念

传统的经营观认为，产品只是特定的物质形态和具体用途。现代市场营销中，产品被归结为消费或者通过购买获得的需求满足，它包括能满足客户需求的有形物品和无形服务。同传统认识相比较，高尔夫会籍产品是一个全新的整体概念，它包括产品价值、产品权益两方面内容。

(一) 产品价值

高尔夫会籍产品作为一种无形的产品，能够在市场上进行销售，并为客户所接受，最主要的原因在于高尔夫会籍产品同样具有价值和使用价值的商品属性。影响高尔夫会籍价值的因素很多，其中主要有：

1. 开发商的实力：开发商的实力决定球场及配套设施的品质，开发商的品牌效应和影响力越大，会籍的价值相对也越高。

2. 高尔夫球场的地理位置：离城市中心、著名景区、交通枢纽越近，土地价值越高，会籍的增值潜力就越大，价值相对也较高。

3. 高尔夫球场的使用年限：一般来说，国内的高尔夫球场土地都是租借用地，球场土地租借的年限越长，会籍的使用价值就越高。

4. 会籍的数额限制：因为高尔夫球场同时可容纳的客流量有限，既要确保会员的正当权益，又要使球场实现最大负荷运转，因此会籍的数额是有一定限制的。一般情况下，一个18洞球场的会籍极限数量大约是1000席。而会籍的限额越少，会员所享受的权益就越有保障，会籍的价值也就越高。

5. 转让条件：会籍能否随时在二手市场上流通，是会籍价值体现的重要因素，而俱乐部对会籍设定的转让条件越简单，就越有利于会籍价值的体现。

6. 俱乐部的管理水平：俱乐部在高尔夫会所经营、高尔夫球场维护、球童服务等方面的管理水平，是会籍价值的外在表现，一个拥有高品质管理水平的俱乐部，其会籍价值必然也高。

高尔夫会籍的价值是会变化的，有些高尔夫俱乐部因为经营不善或球场品质不良等原因，导致会籍价值缩水。另外，还有其他的一些因素，诸如：球场设计师的名气、会员资格认定条件、会籍入会费、年费等等，也对会籍价值的高低产生影响，这里就不一一赘述了。

(二) 产品权益

一般来说，会籍的主要权益包括：会籍使用年限、会员待遇（即会员打球价格）及其他的特别权利，如：使用球会设施的权利、优惠取得附属卡（配偶、子女、法人附属提名人）的权利、会籍转让的权利、继承的权利、带嘉宾的权利（包含人数和折扣）、练习场打球优惠权利、打球预约优先的权利、享受联盟俱乐部的优惠权利、优先参加俱乐部活动及比赛的权利等等。

在这些权益中，会员待遇、转让和继承权利尤为重要。会员待遇通常为享受免果岭费的待遇，通过统计会员每次打球享受的优惠金额，就可以计算出会籍尤其是短期会籍的真正价值；转让和继承的权利是确保会员手中的会籍能够进入二手会籍市场流通的重要保证。通常情况下，俱乐部在运营两年后就会出现二手会籍市场。由于大多数俱乐部的会员都不饱和，会籍多处于供大于求的状况，并且大多俱乐部都规定收取年会费（或月会费）、会籍转让费、会籍继承费等费用，使得二手会籍价格大多比俱乐部正常售价低 20%~40%，二手市场的会籍价格往往更能体现会籍的真正市场价值。

三、高尔夫会籍产品的特点

从总体上说，高尔夫会籍产品是服务市场上的特殊产品，只有深刻理解其特点，才能制定科学的高尔夫俱乐部经营策略和管理方法。

(一) 高尔夫会籍产品的无形性

高尔夫会籍产品的核心是会员权益，与其他商品相比，高尔夫会籍产品不是以具体的产品实体形态出现，而是以合约的方式约定相关权益和发放会员证等方式来体现。

（二）高尔夫会籍产品的复合性

高尔夫俱乐部大多集餐饮、住宿、商务、娱乐、休闲等功能为一体，不同的俱乐部根据自己的经营策略，把不同的功能进行分化组合，以优惠的价格、固定的折扣或免费专享等方式作为权益，捆绑到会籍权益当中，这种做法促使高尔夫俱乐部产生种类繁多的高尔夫会籍产品。

（三）高尔夫会籍产品的交际性

购买高尔夫会籍者大多是各行业的成功人士，因此，高尔夫俱乐部既是一个运动健身的场所，也是一个社交、商务的平台。购买高尔夫会籍在一定程度上属于奢侈消费，因为权益的不同，其价格也从几万元、几十万元到上百万元不等。会员们热衷于在球场间穿行，既休闲健身又广交朋友，往往在不知不觉中完成了一项项商务洽谈。如今，越来越多的组织者、领导者执意将各种论坛、会议落户在各个不同的高尔夫俱乐部，正是因为高尔夫俱乐部具有独特的商务属性。

（四）高尔夫会籍产品的区域性和季节性

在高尔夫俱乐部的经营过程中，一般都存在淡季与旺季的区分，这是由于区域位置和季节性决定的。每当进入冬季，北方的高尔夫市场淡季就来临了，高尔夫俱乐部陆续进入封场期，北方大批高尔夫爱好者如候鸟南飞，借假期和周末纷纷飞往南方的俱乐部去打球；与此相反，每到盛夏季节，南方的高尔夫市场就进入了淡季，大批的南方客人会选择去北方的俱乐部打球。在大多数的高尔夫会籍产品中，都含有联盟球场的会员权益，而这种会员权益正是由于南、北方俱乐部为适应高尔夫市场的季节性变化和最大程度地提升会籍价值的产物。

四、高尔夫会籍产品市场生命周期的含义

高尔夫产品生命周期主要是指市场生命周期，即一种高尔夫会籍产品在市场上从出现、发展到被淘汰的全过程。高尔夫会籍产品的生命周期受该产品的权益、价格，客户的消费取向以及当时所处的高尔夫市场环境等

诸多因素的影响，大体可分为进入期、成长期、成熟期、衰退期。

高尔夫会籍产品生命周期是一个很重要的概念，它和高尔夫俱乐部制定产品策略及营销策略有着直接的联系。高尔夫俱乐部的经营者要想使俱乐部的会籍产品有一个较长的销售周期，以便赚取足够的利润来补偿在推出该产品时所付出的成本，就必须认真研究和运用产品的生命周期理论。

（一）高尔夫产品生命周期各阶段的特点

产品生命周期的四个阶段只是一种典型化的描述，各个阶段由于所经历的时间长短不同，会表现出不同的特点。

1. 进入期特点

进入期也称导入期或诞生期，指会籍产品设计成功并开始投放市场的时期。由于会籍产品刚投入市场，消费者因对会籍产品的了解有限而对会籍产品存有顾虑，消费者的购买行为不够踊跃。在销售额上的具体体现则为增长缓慢。由于在这一阶段的人员宣传、差旅等成本上升，因此，该阶段的会籍产品利润率较低，甚至可能在一定程度上出现亏损。

2. 成长期特点

成长期指新会籍产品通过一段时间的销售，逐渐被消费者所接受，是销售量迅速增长的时期。这一时期的会籍产品已逐渐被消费者熟悉和认可，销售额也迅速上升。与此同时，由于前期的宣传成本的较大投入，而这一阶段的宣传广告费用随消费者对产品的认识程度提高而有所降低，销售成本也随之下降。但由于这一阶段的销售见好，可能会出现一些竞争对手。

3. 成熟期特点

成熟期指会籍产品已完全被消费者所接受，潜在的客户为数不多，市场需求量达到顶峰并逐渐趋于饱和，销售量增长进入较缓慢的阶段，产品的成本降至最低点，销售额也达到最高水平。在这一阶段，竞争者的同类产品纷纷进入市场，竞争十分激烈。

4. 衰退期特点

衰退期指会籍产品经过长时期销售，逐渐退出市场的阶段。在这一阶段，产品的形式和内容都显得陈旧，客户对会籍产品的兴趣急剧下降，新的更具有吸引力的会籍产品的出现会促使客户对会籍产品兴趣发生转移，转而倾向于购买新型会籍产品。老会籍产品逐渐被新会籍产品所替代，最终被市场淘汰。

（二）影响高尔夫产品生命周期的主要因素

会籍产品生命周期各阶段的划分是一种理论性的定性划分，必然要受到多种因素的影响，其中主要影响因素有以下几种：

1. 产品的吸引力

会籍产品的吸引力主要来源于俱乐部对会籍产品的精心设计。一般来说，好的产品都是经过市场调查研究，在充分了解目标市场的需求的基础上，有针对性地进行设计的，符合消费者的要求和消费习惯，因此具有较大的吸引力。

2. 消费者需求的变化

对于会籍产品，消费者对其需求不会是一成不变的，并受多种因素的影响。时尚潮流的变化、消费环境的变化、政策环境的改变等，都有可能使消费者的需求产生变化。

3. 市场的竞争状况

由于高尔夫项目在我国迅速发展，而市场相对有限，在较长的一段时间里供需矛盾突出，高尔夫市场的竞争是相当激烈的。俱乐部为了占领市场，总是想方设法革新产品，以满足顾客需求，因而导致会籍产品的生命周期不断缩短。

4. 企业的经营管理水平

会籍产品生命周期的过程，实质就是企业管理者经营水平的体现。一个企业经营水平的高低，决定着企业的生产成本、服务质量、促销力度、客户管理的效率，从而影响会籍产品生命周期的长短。

（三）高尔夫会籍产品生命周期的营销策略

运用产品生命周期理论的目的在于缩短会籍产品的进入期，使消费者尽快熟悉与认可会籍产品，设法保持或延长成熟期，防止会籍产品过早被淘汰，使会籍产品发挥其最大价值。因此，俱乐部在会籍产品生命周期各阶段，应根据不同的情况，采取不同的营销策略。

1. 进入期策略

在这个阶段，由于新会籍产品刚进入市场，一部分消费者因不了解其具体权益和优越性还有不少消费者不愿改变消费方式，因此，购买新会籍产品的客户较少。此时，俱乐部需增加销售成本的投入，如：招聘大批销售人员并对新、老销售人员进行针对新会籍产品的系统的培训、对会籍产品进行最大程度的宣传，采取多元化的促销和分销手段，促使新、老客户在最短的时间内了解和接受新会籍产品。

2. 成长期策略

如果新会籍产品能满足市场需要，越来越多的消费者会在口头宣传的影响下纷纷购买新会籍产品，甚至会带动周边的朋友一起购买。在成长期阶段，会籍产品的销售量会明显增长，竞争对手也可能会开始进入市场。

在这个阶段，会籍产品的价格可保持不变，亦可随着市场需求的迅速增长而略有下降。为了应付市场竞争，俱乐部应保持或提高销售。为保持增长速度，尽可能延长会籍产品成长期的时间，俱乐部可以采用以下策略：

（1）提高会籍产品的服务质量

加大售后服务力度，为购买会籍产品的会员提供更温馨、更便捷的服务，以提高会籍产品的市场信誉。

（2）扩大市场

随着销售量的提高和市场竞争的激化，俱乐部应进一步对市场进行细分，选择新的目标市场，发展新的消费群体，扩大销售量。

(3) 树立企业新形象

会籍产品成长期是俱乐部创造品牌产品的最佳时期，要想让会籍产品在消费者心目中留下深刻印象，就必须大力宣传会籍产品的特色，以形成品牌优势，增强消费者对俱乐部的信任感和对会籍产品的认同度。

3. 成熟期策略

会籍产品经过成长期，势必逐渐进入成熟期。在这个阶段，会籍产品的销售额将会缓慢下降，销售量增长速度放缓，竞争加剧，竞争对手通过降低价格、增加广告等手段，争夺市场份额。一般来说，此时若选择防守型策略，可以通过实行优惠价格、提高售后服务水平等手段来尽量保持和巩固所有的市场份额。若选择进攻型的策略，则可以追加销售成本投入，继续开拓新市场。当然，也可以选择撤退型策略，即提前淘汰现有产品，重新开发新产品，开拓新市场。

成熟期是会籍产品需求最旺盛的时期，也是竞争最为激烈的时期。俱乐部的经营者一定要清楚地认识和分析市场，选择符合自身资源条件的策略，以避免造成不必要的损失。

4. 衰退期策略

大多数会籍产品最终都会进入衰退期。高尔夫产品由于其特殊性，生命周期变化比一般实物产品的市场生命周期变化要缓慢，会籍产品进入衰退期主要表现在产品权益组合中的部分权益已失去了对消费者的吸引力，而新的会籍产品中所包含新权益为更多的潜在消费者所接受。此时，俱乐部的经营者要时刻研究会籍产品的营销形势，适应迅速变化的市场形势，不断调整产品策略，创造出更好的会籍产品，才能适应激烈的市场竞争。

【实训练习】

实训项目

选择杨昊所在俱乐部项目周边的另一家俱乐部，分析会籍产品类型、特点、生命周期及各阶段的特点及营销策略。

实训目标

1. 训练学生判断会籍产品类型的能力；

2. 训练学生根据会籍产品生命周期各阶段的特点，制定不同的营销策略的能力。

实施过程

1. 让学生以团队为单位，选择一家高尔夫俱乐部进行实地调研；

2. 每个团队在对会籍产品调研的基础上，分析其特点和所处的生命周期的不同阶段；

3. 每个团队将高尔夫产品分析制作成 WORD 文档，并用演示 PPT 的形式进行汇报。

实训考核

1. 实地调研情况以及搜集资料的有效性（20%）；

2. 项目工作完成的合理性、逻辑性、创新性（20%）；

3. 团队成员讨论、发言、汇报的参与度（30%）；

4. 团队成员的协作性（10%）。

【作业与思考】

分析一家高尔夫俱乐部的会籍产品，判断其类型和所处的市场生命周期以及该俱乐部的会籍产品营销策略。

任务二　高尔夫新会籍产品的开发

菲利普·科特勒指出："营销计划工作面临的主要挑战之一就是发展新产品的各种观念和成功地把它们付诸实施。"对于任何一种产品，不管是有形产品还是无形产品，没有一成不变的。特别是现代社会，消费者需求复杂多变，市场竞争激烈，任何企业要想保持长盛不衰的活力，必须迎合市场需求，不断地开发出新型产品。新产品开发是满足社会新的需求，提高人民生活质量的基础，是企业活力和竞争力的具体表现，高尔夫俱乐部也莫过于此。

一、高尔夫新会籍产品的含义及类型

在整体产品定义中，原有产品的任何一部分更新后都视为新产品。由于产品部分或整体更新，与市场上的同类产品有了差别，能给予消费者不同的认识，这样的产品便属于新产品。高尔夫新会籍产品大体可分为两种类型：一种是改进型会籍产品，一种是创新型会籍产品。以下就某个已正式营业一年半时间的高尔夫俱乐部的会籍产品为例，对高尔夫新会籍产品进行了解。

该俱乐部原有会籍产品如下：

表 2-2

会籍类别		会籍价格	会籍权益	年费
个人终身会籍		42万元	1. 仅限记名会员本人使用； 2. 会员不分平、假日享受会员待遇； 3. 会员配偶及其18岁以下子女可申请成为附属会员。	2500元/年
公司商务会籍	单提名	56万元	1. 仅限记名会员本人使用； 2. 会员和附属会员不分平、假日打球享受会员待遇； 3. 提名人每次可携带3名嘉宾享受会员嘉宾果岭费5折优惠； 4. 提名人配偶及其18岁以下子女可申请成为附属会员； 5. 每年可申请更换一次提名人。	2500元/年（每名提名人）
	双提名	98万元	1. 仅限记名会员本人使用； 2. 会员和附属会员不分平、假日享受会员待遇； 3. 提名人每次可携带3名嘉宾享受会员嘉宾果岭费5折优惠； 4. 提名人配偶及其18岁以下子女可申请成为附属会员； 5. 每年可申请更换一次提名人。	2500元/年（每名提名人）

(续表)

会籍类别	会籍价格	会籍权益	年费
注：以上种类都为记名会籍，只限会员本人使用。转让费为当时会籍售价的10%，更名费为当时会籍售价的1%。			

注：所有会籍权益中的"会员待遇"均指享受免"果岭费"的待遇。

该俱乐部在营业最初的一年里，共销售个人终身会籍19张、公司商务会籍5张，累计共销24张会籍。由于定价偏高，在接下来的半年里，销售开始停滞，一张会籍也没有成交。但因为已经售出24张会籍，若进行降价或变相降价销售，怕引起现有会员的激烈反对。因此，俱乐部只好改进会籍产品或设计新的会籍产品进行销售。于是，俱乐部领导责成市场营销部在一周内策划出新的会籍产品方案草案，上报俱乐部董事会。以下是该俱乐部市场营销部提交的新会籍产品方案：

表 2-3

会籍类别	会籍价格	会籍权益	年费/转让费
平日会籍	16万元	1. 仅限记名会员本人使用； 2. 会员仅平日享受会员待遇，节假日果岭费享受5折优惠； 3. 会员配偶及其18岁以下子女可申请成为附属会员。	年费：1000元/年； 转让费为当时会籍售价的10%。
一年期年度会籍	2万元	1. 记名会员本人享受会员待遇； 2. 此会籍不带附卡； 3. 一年后可升级为其他终身会籍。	免年费

（一）改进型会籍产品

改进型会籍产品是在原有会籍产品的基础上，将其部分权益内容进行增加或删改，以满足消费者的新需求。如上例中，新策划的平日会籍就属于改进型会籍，它的会员权益就是在个人终身会籍的基础上通过删改得来的。

（二）创新型会籍产品

创新型会籍产品是指与原有会籍产品迥然不同的会籍产品。如上例中，新策划的年度会籍就属于创新型会籍。当然这里所说的创新，都是相对而言的，因为每一种新的会籍产品，都可以从其权益中，找出其他会籍产品权益的影子。这里讲的创新更多的是新的权益组合。随着高尔夫市场的日益成熟和完善，消费者的需求也必然会发生很大的变化。因此，会籍产品的创新，必然是高尔夫市场营销领域的永恒话题。

二、高尔夫新会籍产品开发的理由

高尔夫新会籍产品开发较一般产品困难，成功率较低，所以，在开发新产品之前，一定要认真分析原会籍产品的优劣，并通过深入的调查研究，找到市场真正的潜在需求。

（一）产品生命周期规律要求

会籍产品的生命周期决定着俱乐部必须不断开发新型会籍产品。这是因为当原有产品走向衰落时，俱乐部的经济效益将受到严重影响。一些经营较差的俱乐部大多是由于球场品质不高，而又无新产品开发意识，不注意市场需求变化，不进行产品创新，一味地简单抄袭产品或守着原有会籍产品进行销售，导致消费者明显缺乏兴趣，最终导致俱乐部的经营走到难以为继的地步。

（二）高尔夫消费需求的变化

随着高尔夫市场的不断成熟和完善，消费者的需求也不断发生变化。新的消费需求的产生，孕育着新的市场机会。例如，2012年某高尔夫俱乐部推出的新会籍产品如下：

表 2-4

会籍类别	会籍价格	会籍权益	年费/转让费
个人会籍	13万元	1. 仅限记名会员本人使用； 2. 尊享畅打国内外163家（其中国内60家）俱乐部的特权； 3. 尊享所有球场打球370元的特权（含球车、果岭费、球童费，不分平、假日）； 4. 尊享"一站式服务"（签证、机票、酒店、观光），世界著名高尔夫赛事、名人赛优先购票的特权； 5. 尊享提前60天预定球场的特权。	个人会籍3000元/年 夫妻会籍4500元/年 转让费为转让时售价的20%
夫妻会籍	20万元		

这种会籍产品的定位，就是满足高尔夫消费者在境内外旅游、进行商务运动的潜在需求，同时也局部解决了同一区域内的俱乐部无法联盟的问题，使消费者花很少的成本，就能体验风格迥异的国内外球场，因此得到许多消费者的认可，获取了不错的业绩。

（三）市场竞争加剧的需要

近些年来，高尔夫市场竞争日趋激烈，一个地区、甚至一座城市，拥有几个甚至几十个高尔夫球场的状况已经显现。高尔夫俱乐部要想在市场上保持竞争优势，稳住自己的市场份额，就需要不断创新，开发新的会籍产品，以迎合不断变化的市场需求。例如：2012年海南某高尔夫俱乐部推出的环岛旅游会籍。

表 2-5

会籍类别	会籍价格	会籍权益	年费/转让费
四提名会籍	12.8万元	1. 1张主卡、3张附卡共计4个记名人； 2. 记名人享受会员待遇； 3. 享受海南5家高尔夫俱乐部不限次会员待遇和2家俱乐部每年限8次会员待遇。	年费：800元/年每张 转让费：同期会籍价格的10%

(续表)

会籍类别	会籍价格	会籍权益	年费/转让费
两提名会籍	12.8万元	1. 1张主卡、1张附卡共计1个记名人、1位嘉宾； 2. 记名人和嘉宾均享受会员待遇； 3. 享受海南5家高尔夫俱乐部不限次会员待遇和2家俱乐部每年限8次会员待遇。	

由于海南具备政策、气候以及土地资源等优势，高尔夫在海南地区的发展极为活跃，光18洞球场，在海南大约就有50多家，这意味着激烈的市场竞争。而上述公司所推出的环岛会籍拥有至少5家球场的会员权益，而价格却仅有12万元。毫无争议，这款产品迅速席卷了国内整个高尔夫市场。特别是在东北地区，海南独特的地理位置和气候条件吸引了众多的消费者，其热销场面可想而知。抛开该会籍产品的其他盈利目的，仅就高尔夫市场的营销手段来说，该会籍产品完全是海南高尔夫市场激烈竞争的产物。

三、新会籍产品开发的策略

新会籍产品开发主要有以下四种策略：

（一）抢占市场策略

在高速发展的市场上，参考周边市场当前广为接受的会籍产品，结合俱乐部自身条件快速推出类似新会籍产品，既方便客户了解又容易为客户接受，这样的新产品就能够在市场迎头赶上，并快速获得利润，建立起自己在经营上的优势。

（二）超越自我策略

这种策略的着眼点在长远利益，而不在眼前利益。逼着自己在新会籍产品开发和售后服务都走在竞争者的前面，以确保在当今激烈的市场竞争中"笑到最后，笑得最好"。

（三）迟人半步策略

在新会籍产品开发上，"先发制人"往往能掌握主动，但迟人半步，跟随超越的威力也不可小觑。所谓"迟人半步"，就是等别的俱乐部推出新产品后，立即加以仿制或改进，推出自己的产品，进行追随性竞争，以此来分享市场收益。采用这种策略基于以下两点理由：

1. 任何新产品都不可能一锤定音，完美无瑕。迟人半步，可以判断市场的反应并对自己的产品进行查缺补漏，力求更贴近市场需求。

2. 会籍产品之间的竞争，重要的不是谁的产品先进入市场，而是看谁的产品权益最好、价格最低。因此，只要自己的会籍产品能从权益、价格等方面取得优势，即使"迟人半步"也照样能占尽先机。

（四）差异化策略

新会籍产品的开发贵在创新。古书中说："人无我有则新，人新我精则妙，人妙我奇则智。"高尔夫俱乐部若能以此为经营原则，不断挖掘市场需求，结合自身特点，勇于创新，向消费者提供具有明显特色的会籍产品，定会立于不败之地。

【实训练习】

实训项目

杨昊所在的高尔夫球场项目建立在一个丘陵地带上，属于丘陵式高尔夫球场，配套设施有客房、餐厅、高尔夫专卖店、咖啡厅、高尔夫练习场、更衣室、桑拿蒸汽房、休息室等。请你为杨昊和他的同事们，在市场调查的基础上，从市场需求出发，根据市场竞争状况及俱乐部的自身条件，撰写新会籍产品及其策划方案。

实训目标

1. 训练学生掌握高尔夫俱乐部的会籍产品设计与权益组合的能力；
2. 训练学生分析竞争对手的能力；
3. 训练学生撰写会籍产品策划方案的能力。

实施过程

1. 让学生以团队为单位，结合所选择俱乐部的的特点，分析其市场竞争状况、企业自身条件及产品特点等；

2. 每个团队在熟悉自己的俱乐部及其产品、了解竞争对手的情况的基础上，设计具有足够市场吸引力的产品设计方案；

3. 每个团队将新产品策划方案制作成 WORD 文档，并用演示 PPT 的形式进行汇报。

实训考核

1. 实地调研情况以及搜集资料的有效性（20%）；
2. 产品策划方案的内容具体，具有可操作性（20%）；
3. 项目工作完成的合理性、逻辑性、创新性（20%）；
4. 团队成员讨论、发言、汇报的参与度（30%）。
5. 团队成员的协作性（10%）。

【作业与思考】

选择一家高尔夫俱乐部新推出的会籍产品，判断其特点、开发的理由和新会籍产品营销策略的制定。

项目四 产品定价策划

【项目情景】

经过一个星期的努力，杨昊和他的同事们配合销售经理完成了会籍产品策划方案的初稿，俱乐部领导对他们的工作给予了充分的肯定，领导的肯定让杨昊紧张的心情放松了许多，并积极准备为会籍产品制定价格。

讨论与交流

你认为杨昊接下来要开展什么工作？制定产品定价策划方案应该考虑哪些方面的因素？

【学习目标】

技能目标
1. 能够制定产品价格策略；
2. 能够制定产品价格调整策略。

知识目标
1. 了解高尔夫俱乐部的定价目标；
2. 掌握高尔夫俱乐部定价的方法及策略。

素养目标
1. 培养学生吃苦耐劳的精神；
2. 培养学生细心等习惯。

【任务分解】

任务　产品定价策划

任务　产品定价策划

一般来讲，混合式高尔夫俱乐部的收入主要分为两类：一是销售收入，主要指会籍费；一是日常运营收入，主要是餐饮、住宿、广告位出租、高尔夫用品专卖等所有俱乐部设施的营业收入及非会籍顾客的打球费用。

一、高尔夫俱乐部的定价目标

所谓定价目标，就是高尔夫俱乐部制定产品定价应达到的目的，它和俱乐部的战略目标是一致的，并为高尔夫俱乐部的战略目标服务。其总的要求是追求利润的最大化，高尔夫俱乐部的定价目标主要有以下几种主要方式：

（一）以利润达到销售额的一定比例为定价目标

此目标是根据俱乐部的销售额期望达到一定百分比的毛利。这就要求俱乐部在定价时，在产品成本的基础上加入预期利润。采取这种定价目标的俱乐部，一般在同行业中具有较强的竞争实力，所经营的会籍产品在市场上占有一定的优势或具有一定的特色。

（二）以维持或提高市场占有率为定价目标

扩大会籍产品销售，保持和增加销售额，提高市场占有率，是许多俱乐部追求的定价目标。为了提高市场占有率，俱乐部必须扬长避短，发挥优势，开展竞争，提高效率，定出对潜在客户具有吸引力的价格，以满足更广泛的消费者的需要。

（三）以应付和防止竞争为定价目标

一般来说，俱乐部对于竞争对手的价格十分敏感。有意识地通过产品的恰当定价去应对或避免竞争带来的冲击，是俱乐部定价的重要目标之一。例如，俱乐部适当将价格定得高于对方，以求树立声望等。所谓用价格防止竞争，是以对市场价格有决定影响的竞争者的价格为基础，去制定本俱乐部的商品价格，或与其保持一致，或稍有变化。这种做法并不企图与之竞争，而是希望在竞争不太激烈的条件下，求得自己的生存和发展。采用这种定价目标的俱乐部，必须经常广泛地搜集资料，及时、准确地把握竞争对手的定价情况，并在将俱乐部推出的会籍产品与竞争者的类似产品作审慎的比较以后，定出本俱乐部会籍产品的价格。

（四）以获得最佳而又合理的利润为定价目标

俱乐部总希望经营的产品获得最高或最佳的利润，当然也必须是合理的利润。追求最大利润，并不等于追求最高价格。一般情况下，以获得最佳利润为定价目标的含义是：

1. 俱乐部的长期目标利润

一些俱乐部在新的市场或试销一种新会籍产品时，往往采取低价销售，以低价迅速吸引消费者，力求打开销路，占领目标市场，即使在开始阶段赢利较少甚至不赢利，但从长期来看，仍能取得合理满意的利润。

2. 取得合理的最佳利润，取得合理的最佳利润应从俱乐部的总收益去衡量，而不以单个产品核算。为了取得整个俱乐部合理的最佳利润，可以有意识地将某种会籍产品的价格定得偏低，以引起消费者的好感，从而带动其他会籍产品的销售。

以追求长期的最佳利润或满意的利润为定价目标，比把价格定得较高，以短期获得最大利润为定价目标更为稳妥。

俱乐部在制定价格之前，应对俱乐部可能追求的各种目标进行权衡，明确所要达到的目标。俱乐部所要达到的目标可能是单一的，也可能是多重的，应当根据轻重缓急来考虑和安排各种目标。

二、会籍产品的定价策略

会籍产品的定价策略主要有以下四种：

（一）取脂定价法

当原有的会籍产品滞销的情况下，通常采用取脂定价法；所谓取脂就是压缩或者取消原会籍的核心权益，形成新的会籍产品，从而降低销售价格。例如：原会籍的权益是不限制打球次数、不分节假日、每年赠送客房等其他权益，但由于定价过高，产生滞销。在削减其中部分权益后，形成一种新的会籍产品，从而降低销售价格，试图满足更多的客户群体；犹如从牛奶中撇取奶油一样，由精华到一般，故称此定价策略为取脂定价策略。采用这种定价技巧可使俱乐部在短期内收回成本，并取得较大利润，其缺点是不利于俱乐部形象和品牌的打造。

（二）统一定价法

统一定价法，通常在一些纯会员制的俱乐部当中使用，是指不分市场差异，产品相对单一、价格严格统一。这种定价方法既有助于俱乐部树立诚实守信的高品质企业形象，也有助于俱乐部对会籍产品价格的管理。

（三）折让定价法

折让定价法就是降低会籍产品价格，给购买者一定的价格折扣或馈赠部分产品，以争取更多的客户群体，扩大销售。常见的折让定价法有以下三种：

1. 现金折扣策略

这种方法允许对即时成交的顾客，按原定价享受一定的折扣，以加速成交。

2. 交易折扣策略

鼓励高尔夫中介机构或专业的销售团队努力销售本俱乐部的产品，给予客户较大的折扣。

3. 推广让价策略

俱乐部组织各种促销活动（如 pop 广告、赛事活动、沙龙、讲座等方式），给予在一定期限内成交的客户固定的优惠。

（四）心理定价法

心理定价法是比较普通的一种定价技巧，即根据高尔夫消费者的不同心理，采取不同定价技巧的策略。最常见的有以下两种方法：

1. 如意定价法：中国港澳及广东地区有相当数量的消费者对尾数为"8"的价格比较感兴趣，认为"8"有如意吉祥之意或"8"的谐音与"发"字相同，故将价格尾数定为"8"。

2. 声望定价法：是依照人们的虚荣心理来确定产品价格的一种策略。高尔夫消费属于高档消费，价格定得高一些，客户为显示其富有也乐意购买。为地位显贵的消费者提供产品，价格也可定得高一点，这样就能够满足声望心理价值的需求。通常会员制的俱乐部采取的就是这种策略。

三、产品价格调整策略

产品价格调整策略主要有提价和降价两种方式：

（一）提价

由于受物价、球场的人工成本、生产资料及维护营运费用不断上涨等因素的影响，高尔夫俱乐部必须考虑提价；与此同时，对俱乐部的基础设施进行改造，提高团队接待能力、改善服务，使球场品质得到提升，广大球友提供一个更好的打球环境，俱乐部也可能会对日常营业收费（18洞球童费、球车费、假日果岭费、嘉宾和访客的果岭费用等）做出调整。提价一般会引起客户、中介机构甚至俱乐部销售人员的不满，但成功的提价决策无疑会增加俱乐部的总体收益。

会籍提价方法有：

1. 在会籍合同中使用价格自动调整条款，规定在合同期内根据选定的某个价格指数来计算调整价格。

2. 保持会籍产品价格不变，取消原有的优惠活动。

3. 保持价格不变，减少产品的权益、服务等。

4. 直接提高会籍产品价格。这种方式如果应用得当，不但能获得原有会员的支持，也会坚定潜在客户的购买信心。如果应用的不得当，则会适得其反，会籍将有价无市，提前进入衰退期。

（二）降价

高尔夫俱乐部在下面几种情况下，可以考虑降价：

1. **市场竞争强烈**：近年来相对于球场数量的快速增长，高尔夫消费群体的增长则相对缓慢，俱乐部之间的竞争更为激烈。为了增强俱乐部的竞争能力，维持和提高市场占有率，采取更优惠的打折措施以降低会籍产品的价格成为大多高尔夫俱乐部的选择。

2. **非饱和时间段未充分利用**：如果不考虑季节性因素的话，一般来说在节、假日期间大多数俱乐部的客流量都比较可观，甚至很多俱乐部会产生超负荷运转的情况。而在平日里，其客流量都处于非饱和状态，甚至有的俱乐部会出现一天只有几个或十几个客人的情况。只有少数的俱乐部，由于拥有良好的地理位置、交通状况、品牌影响力或自然环境等有利因素，长期处于客流量饱和状态。为了充分利用非饱和时间段，俱乐部可以降低针对这一时间段设计的会籍产品的价格，提高市场份额。

【实训练习】

实训项目

在市场调查的基础上,充分考虑交通、潜在消费者规模、同行竞争产品、广告策略、购买者动机等因素,为杨昊所在的俱乐部的会籍产品进行定价。

实训目标

1. 训练学生选择正确的定价方法为会籍产品定价的能力;
2. 训练学生制定产品价格调整策略的能力;
3. 训练学生撰写产品定价方案的能力。

实施过程

1. 让学生以团队为单位,分析杨昊所在俱乐部的会籍产品定价的目标;
2. 每个团队在对俱乐部会籍产品作分析的基础上,选择正确的定价方法为会籍产品定价;
3. 每个团队在熟悉所在的俱乐部的会籍产品,以及了解竞争对手情况的基础上,为杨昊制订会籍产品定价策划方案;
4. 每个团队将制订的产品定价策划方案制作成 WORD 文档,并用演示PPT的形式进行汇报。

实训考核

1. 实地调研情况以及搜集资料的有效性(20%);
2. 方案撰写的合理性、逻辑性、创新性(20%);
3. 方案撰写的格式规范性(20%);
4. 团队成员表演、讨论、发言的参与度(30%)。
5. 团队成员的协作性(10%)。

【作业与思考】

选择一家高尔夫俱乐部的会籍产品,分析它的定价策略及目标。

项目五　会籍产品分销渠道策划

【项目情景】

经过一段时间的努力，杨昊已经能够很好地适应市场策划专员的工作。通过走访多家俱乐部，杨昊不仅开拓了思路，增长了见识，而且把学校学到的知识和工作实践很好地结合了起来。在周一的例会上，会籍产品的初步方案通过了俱乐部领导审核。针对下一步的销售工作，俱乐部领导决定仍由市场营销部负责：本地市场的会籍产品销售，由市场营销部组织销售力量进行销售；外埠市场的会籍销售，由市场营销部负责先进行缜密调查，然后给出具体销售方案。毫无疑问，这一任务又落在杨昊和他的同事肩上，领导要求他们两周内交出针对外埠市场的分销渠道策划方案。

讨论与交流

本地市场和外埠市场的销售策略。

【学习目标】

技能目标

能够初步策划高尔夫销售渠道策划方案。

知识目标

了解高尔夫产品分销渠道类型。

素养目标

1. 培养学生吃苦耐劳的精神；
2. 培养学生团队合作的意识。

【任务分解】

任务　会籍产品分销渠道策划

任务　会籍产品分销渠道策划

会籍产品销售是俱乐部回收投资成本的最重要手段。会籍销售得好会有效减轻俱乐部的经营压力。利用正确的、有效的销售渠道，让目标顾客群了解高尔夫俱乐部的设施和服务，增加顾客对会籍价值的认识，并吸引他们购买俱乐部会籍，是俱乐部经营的重要目的。

推销会籍所采用的方式、活动等，不仅要考虑到会员的利益，还要考虑会籍销售的成本。一般来说，当前的高尔夫市场，分销渠道大致可分为两种：自营方式（含办事处模式、分公司+办事处模式）和合作方式（含总代理商合作模式和区域代理商合作模式）。

一、办事处模式

这种模式多为俱乐部在主要目标市场区域统一组建一个或多个办事处，并进行统一管理的方式。主要特点：成本略高，人员招募、培训需要时间较长，但便于俱乐部的统一管理，俱乐部支持力度较大，易发挥俱乐部的整体优势。

二、分公司＋办事处模式

采取这种方式的俱乐部，通常着眼于全国性市场。主要特点：成本非常高，人员招募、培训需要长时间，市场覆盖面大、人事权和财务权相对独立，适应市场的能力非常强。由俱乐部在主要目标市场区域统一组建的，可以是一个，也可以是多个办事处。便于俱乐部统一管理，俱乐部支持力度较大，易发挥俱乐部整体优势。

三、总代理商合作模式

这种模式通常是指俱乐部挑选实力强、客户数量庞大、已形成自己销售网络的专业营销公司独家代理其会籍产品的销售。主要特点：成本低、见效快、选择性风险较为集中，但不易于进行客户服务管理。

四、区域代理商合作模式

这种模式通常是指俱乐部在不同的目标市场区域挑选多个相对来说实力较强、客户数据较多的专业代理机构独家代理其会籍产品的区域性销售。主要特点：成本低、见效快、选择性风险较为集中，不易于进行客户服务管理。

【实训练习】

实训项目

在市场调查的基础上，为杨昊所在的俱乐部设计产品分销渠道，通过训练，帮助学生认识分销渠道的设计在销售实践中的重要作用，使学生能够撰写产品分销渠道策划方案。

实训目标

1. 训练学生能够设计有效的产品分销渠道；
2. 训练学生能够了解产品分销渠道策划方案撰写的步骤和格式。

实施过程

1. 让学生以团队为单位，设计产品分销渠道；
2. 每个团队在讨论分析的基础上进行编制、整合思路；
3. 每个团队归纳总结，形成产品分销渠道策划方案的内容；
4. 每个小组将结果制作成 WORD 文档，用演示 PPT 来讲解小组活动成果，展示市场渠道策划方案，并对老师和其他小组的成员的提问给予合理的解释。

实训考核

1. 实地调研情况以及搜集资料的有效性（20%）；
2. 方案撰写的条理性、逻辑性、创新性（20%）；
3. 方案撰写格式的规范性（20%）；
4. 团队成员表演、讨论、发言的参与度（30%）；
5. 团队成员的协作性（10%）。

【作业与思考】

1. 高尔夫产品销售的分销渠道包括哪些？
2. 渠道策划方案的格式？

模块二　高尔夫俱乐部产品销售

　　会籍销售是俱乐部回收投资成本的最重要手段，会籍销售情况好就会减轻俱乐部的经营压力。高尔夫会籍产品的销售工作，它的主要任务是根据市场调研制定营销策略、建立会籍销售网络，销售公司会籍产品、开发新客户及其他客户；并根据市场及客户信息的收集及汇总，并做好经营分析；根据客户类型制定不同的营销策略；处理客户意见反馈及投诉并进行跟踪调查；负责客户电话及现场咨询；客户资料管理及客户信息更新；维护良好的客户关系；组织、协调俱乐部举办各种活动等。

项目一　销售工作准备

【项目情景】

　　王蕴于 4 月 25 日星期一，以饱满的精神与激情来到沈阳某家俱乐部报到。在办理完入职手续后，张明把王蕴叫到自己的办公室，说道："客户销售专员的主要工作是寻找目标客户、制定拜访计划、预约客户等工作。你是刚来的新人，除了人力资源部会对你们这一批新进的员工进行有关培训以外，市场营销部也会安排有经验的老员工对你做工作指导。近期你的首要任务是熟悉工作环境、认识市场销售岗位的特征与工作流程以及逐步弄清自己要扮演的角色。一段时间后，我会安排你参与客户信息资料收集、寻找目标客户、制定拜访计划、预约客户等方面的工作。

　　张经理几句简短的谈话，让王蕴意识到接下来的这一段时间，对自己的成长具有重要意义。

讨论与交流

1. 作为公司员工，王蕴需要尽快熟悉并适应新的工作环境，她该如何做？

2. 张经理已经指明王蕴的销售工作将从寻找目标客户工作开始，您认为高尔夫客户的特征包含哪些方面的内容？可以通过哪些渠道去寻找目标客户？如何制定拜访计划？应该学习怎样的预约客户的技巧？

【学习目标】

技能目标

1. 初步具备一定的寻找与识别高尔夫目标客户的能力；
2. 初步具备一定的分析与判断高尔夫目标客户类型的能力；
3. 通过小组练习，进行高尔夫目标客户识别与分析，初步具备运用不同的方式和方法寻找与识别高尔夫目标客户的能力；
4. 能够初步具备制订拜访计划的能力；
5. 运用不同的方式和方法对目标客户进行预约的能力。

知识目标

1. 了解寻找高尔夫目标客户的地点；
2. 掌握寻找高尔夫目标客户的方法及渠道；
3. 了解拟定拜访计划的内容；
4. 掌握预约客户的方式和方法。

素养目标

1. 培养学生吃苦耐劳的精神；
2. 培养学生热情、细心、谦虚、礼貌等习惯；
3. 培养学生观察的能力。

【任务分解】

任务一　认识高尔夫会籍
任务二　寻找目标客户
任务三　制定拜访计划
任务四　预约客户

任务一　认识高尔夫会籍

高尔夫会籍被视为通往高尔夫俱乐部及上流社会的通行证，高尔夫会员证或会籍的拥有及销售对球员、俱乐部都具有不同寻常的意义。会籍销售是高尔夫俱乐部的重要业务任务之一，对于会员制俱乐部来说，高尔夫俱乐部的会籍销售是俱乐部建成营业后的一项数额巨大的营销活动，也是俱乐部资金回笼的关键一步。会籍销售情况不仅反映了俱乐部被市场认可的程度，也是俱乐部盈利能力的重要标志，对俱乐部的可持续经营管理有直接的影响。

一、会籍的概念

所谓会籍，又称会员证，英文 Membership，其实质是一种资格，并以会员证作为其资格凭证。高尔夫会籍对俱乐部来说是指高尔夫俱乐部向球员出售的若干年段的俱乐部打球资源及相关俱乐部设施使用权等权益。而对球员来说，会籍是球员向俱乐部购买俱乐部打球及其他权益、服务以获得这种打球及相关权益的资格。会籍使用人（即会员）在高尔夫俱乐部里可以行使会员权益，如打球免果岭费、免费使用俱乐部相应设备设施，携同亲友享受俱乐部有关服务且其亲友可享受相应待遇等。

二、俱乐部会籍分类

会籍的种类受到周边地区的经济状况、同业竞争、俱乐部风格、配套设施、管理模式等因素的影响。会籍类型不同，会员享受的权益也不相同。

（一）按会籍主体分类

1. 团体会籍

俱乐部的团体会籍的对象一般是指合法注册的公司或企业，团队会员是由公司指定的享有打球资格和权益的自然人。团队会籍通常有两种类型，有明确"提名人"的为记名团队会籍，不指定"提名人"的为不记名团体会籍。团体会籍也称公司会籍或法人会籍。记名公司会籍通常包含1~3个提名人，会籍价格因提名人人数不同而有所差异。记名团体会籍的提名人经申请可以更换，不记名团队会籍的对象可以是公司所有有资格的人，凭证消费，但俱乐部可限制每次人数的使用，其价格比记名团队会籍要高。

2. 个人会籍

自然人以个人名义入会，是俱乐部的个人会员，享有个人会籍。一般来说，俱乐部规定年满18周岁的人士可申请成为俱乐部的个人会员。因为每个俱乐部对会员的资格要求不同，会员的入会条件存在很大的差异性。

3. 附属会籍

根据俱乐部的会籍章程，个人会员与团体会员提名人的配偶及年满18周岁的未婚子女有资格成为该个人会员和团体会员提名人的附属会员，拥有俱乐部的附属会籍。

（二）按会籍的使用期限分类

1. 短期会籍

（1）年度会籍

年度会籍并非享有完全权益的会籍，而是一种享有部分基本权益的年度推广会籍。是为了使俱乐部在特定时间内创造更多现金流而采取的推广措施。年度会籍是为短期居留人士和商务人士提供方便而设计的，年限1到5年不等。通常来说，这类会籍的年限设置以一年为佳，这样俱乐部可根据市场变化，及时进行调整。

俱乐部年度会籍的入会费比较低，大多数仅限制在平日使用。这样既保证了不触及原有会员的权益，使会员卡保值，又能使年度会籍发售直接为俱乐部带来人气和客观的现金流，促进俱乐部客户人群的增长，使得不能或不愿意一次性支付全部会费的更多高尔夫爱好者有了自己打球的场地。年度会籍也可以成为客户以后升级为正式会员的一种过渡促销方式。上海滨海、深圳九龙山、珠海金湾、翠湖、东方、国际等俱乐部都曾经销售过年度会籍，当正式会员增加到一定规模后，俱乐部可考虑停售年度会籍。

(2) 时段会籍

会员主要集中在节假日打球，平日俱乐部的使用率偏低，俱乐部为了提高平日时段的使用率，做到"地尽其用"，可设计时段会籍进行促销。时段会籍有明确的发行数量和使用年限。持有时段会籍的会员可在周一至周五（节假日除外）的优惠时段内享受，免果岭费打球，并允许携带三位嘉宾，其果岭费可享受会员嘉宾价。

由于时段分割降低了会籍的价格，使更多的人能够进入高尔夫俱乐部进行消费，并带来俱乐部餐饮、住宿及其他服务产品的消费，有效促进了俱乐部的收益。但时段会籍容易让人产生误解，降低非时段会籍的价值。

(3) 旅游会籍

旅游会籍入会费用低，并同时享有多个俱乐部会员待遇打球的权益。旅游会籍以朝向高尔夫分时互动计划（Forward Golf Tour Schedule，简称"FGT"）最为典型。FGT通过吸引高尔夫俱乐部加盟，由俱乐部发行自身的分时会籍，拥有其中一个加盟俱乐部分时会籍的会员，即可通过FGT将所拥有的30天时段全部或部分交换到其他加盟俱乐部享受会员待遇打球。旅游会籍的不足之处在于，入会俱乐部的地理位置较偏且其品质并非一流。

2. 终身会籍

终身会籍的使用年限一般与俱乐部经营期限同期、平假日均可使用，同时不设使用次数限制。

(四) 按会员权益内容分类

1. 可转让会籍

可转让会籍是商业性俱乐部普遍采用的会籍形式。可转让会籍是指会籍持有人拥有将会籍所赋予的权益转让给他人的权力的会籍类型。当发生会籍转让时，原会籍持有人需根据俱乐部的要求提交相关材料，经俱乐部批准，为转入新会员办理相关手续（如办理会员证书和会员卡）后，新会员才可享受会籍所赋予的权益。俱乐部对会籍的转让方法有详细的规定。

首先，俱乐部的会籍转让一般都有年限规定，如个人会籍必须在会员入会满 2 年或 3 年后才可以转让；其次，发生会籍转让俱乐部将收取一定的会籍转让费。如入会满 3~5 年的会籍的转让费为购买实价的 20%，满 5~8 年的转让费为购买实价的 15%，满 8 年以上的转让费为购买实价的 10%。俱乐部收取会籍转让费的目的一方面是为俱乐部维持一个相对稳定的会员群体，另一方面保证会籍的保值，同时便于俱乐部会籍的管理。

2. 不可转让会籍

即根据俱乐部章程规定不能转让的会籍。一是商业性俱乐部的附属卡，不能单独转让。二是赋予特殊权益或有特定时限规定的会籍不能转让，如荣誉会籍一般是俱乐部基于会员身份的肯定而赋予其荣誉，通常是受邀入会，无需缴纳入会费用，但会籍不允许转让；荣誉会籍数量很少，是特殊会籍的一种。三是纯私人会所的会籍不可转让，此类俱乐部对会员有严格的人数和入会条件限制；如美国奥古斯塔高尔夫俱乐部是私密性很高的会所，它只接纳男性会员，并且会员名单对外保密，奥古塔斯俱乐部现仅有会员 300 人，几乎都是美国最顶尖的政治、经济精英；符合入会条件的人士需要经过会员推荐，只有当现有会员退出或去世时，才能申请获得会员资格，继而转正。

3. 创始会籍

俱乐部创立初期销售的会籍为创始会籍，可以享受比其他会籍更多的权益，从而吸引消费者入会。创始会籍一般有严格的名额限制，多数俱乐部限制在 50 名内。如玉龙雪山高尔夫俱乐部的创始会籍，除享受俱乐部规定的会员权益外，还享有如下特别权益：不记名使用，即此会籍权益除创始会员自用外，还可向他人出借所持会员卡，持卡者可享受会员待遇（每卡每天仅限一人使用），创始会员无须缴纳月费、年费等。

4. 非创始会籍

根据享有的权益不同，可分为钻石会籍、金卡会籍、银卡会籍等。这些权益包括是否享有附属会籍，是否享有俱乐部在有两个基本 18 洞以上俱乐部打球的权利，是否享有俱乐部全部配套设施的使用权等。如观澜湖的会籍分特许钻石会籍、钻石会籍、金卡会籍和绿宝石会籍四种。特许钻石会籍享有的权益最多，不仅可以自由使用观澜湖 12 个国际锦标级俱乐部的全部配套休闲设施，还可以享受独特的礼遇，如独享北戴俱乐部的免交月费、打球时可带 7 名嘉宾等权益。同时，拥有特许钻石会籍的会员还可以获得与世界级球星切磋的机会。

三、会籍的补充形式

我国的高尔夫消费市场尚处于培育阶段，总的消费群体还很小。一些俱乐部为弥补会员人数不足或平日俱乐部打球人数较少而导致的资源闲置的状况，会开展多种形式的营业推广活动。

（一）签约联盟俱乐部，联盟里的俱乐部可实行会员权益互换

目前，一些俱乐部为了增强对会员的吸引力，提升会籍价值，同时提高俱乐部设施的使用率，采用签约不同地区的俱乐部为本俱乐部的会员提供享受对方俱乐部会员待遇的权益互换计划。签约俱乐部将多个高尔夫俱乐部的资源整合起来，让会员的权益得到延伸，为高尔夫俱乐部资源利用提供一种解决方案。

（二）网络协议会员

球手加入网络平台或旅行社，可取得网络内任何一家俱乐部的打球资格并享受特惠价。网络协议会员拥有更大的灵活性和更多的选择权。让消费者能够以比市场便宜的价格获得产品的使用权益。

（三）消费储值卡

先期一次性购买一定场次（10 次、20 次等）的消费权限储值卡，使

用人凭卡消费。每次消费的次数从卡中扣除，储值卡次数越多给与的折扣优惠一般就越大。消费储值卡适合客源稳定的旅行社机构、高尔夫专业组团机构。消费储值卡也是目前最时尚的礼品之一，如：三亚亚龙湾高尔夫俱乐部根据自身旅游度假客人的特点推出"到访制会籍"，办理此会籍需一次性交纳一定数额保证金及储值金；每个会籍每日使用人数最多为12人，消费费用按会员价格从储值金中扣除。

(四) 特惠日

目前，我国很多俱乐部会根据所在区域消费者的打球习惯，选择周一至周四的某一天，提供特别优惠全包价的促销产品。特惠日价格包括18洞果岭费、球童费、设施费，个别俱乐部还包括球车费。特惠日的价格一般比嘉宾价要低，具有足够的吸引力。特惠日选择要考虑与周边地区的其他俱乐部的特惠日错开。特惠日促销是当前较为有效的促销方式之一。

(五) 开发团体客户

由于我国高尔夫市场不发达，入会人数有限，很多俱乐部同时接待访客和团队客人。远离市区的俱乐部不能像城市周边俱乐部那样销售常规的会籍，但却是人们休闲度假的首选。一般来讲，参加团体客户的大多是高尔夫爱好者。他们把打高尔夫球作为专项旅游，高尔夫游客的团费比普通旅客要高，购物及娱乐消费能力也较强。高尔夫俱乐部通过开发高尔夫团体客户，提高俱乐部利用率。团队销售是俱乐部市场营销的主要任务之一。目前，我国国外团队市场主要在韩国、日本，国内主要团队市场集中在广州、深圳、北京、天津和上海等一线城市。

1. 团体客户标准

国内俱乐部约定俗成，大都以8人以上同时预订视为团体预订。

2. 团体客户优惠

团体预订可享受俱乐部给予的团队包价打球优惠，避免将团队活动安排在公众假期。

每月最后一天将下一月团体预订制成"活动预报"，报送总经理及相关部门，以便俱乐部各部门制定工作安排；如团体预定取消或增加时，规模较大的应以书面形式及时通知各部门；俱乐部可根据自身将团体预订文件装订、存档。

【实训练习】

实训项目

本项目的主人公王蕴在熟悉了会籍的分类形式后，选择一家高尔夫俱乐部，通过对它的会籍产品进行分析，判断其会籍产品属于哪种类型。

实训目标

让学生了解会籍的分类形式。

实施过程

将全班学生分为3~5个学习小组，以小组为单位选择某家高尔夫俱乐部，通过对它的会籍产品进行分析，判断其属于哪种类型。并对其他团队的成员的提问进行回答。各团队根据活动内容作总结。

实训考核

1. 团队成员的协作性（20%）；

2. 了解、搜集、使用网络信息的能力（20%）；

3. 项目工作完成的合理性、逻辑性、创新性（30%）；

4. 团队成员表演、讨论、发言的参与度（30%）。

【作业与思考】

1. 高尔夫会籍产品分类有哪些？

2. 选择一家高尔夫俱乐部，通过对它的会籍产品进行分析，判断其会籍产品属于哪种类型。

任务二　寻找目标客户

寻找目标客户往往是销售活动的开始，销售人员要真正明白目标客户的特征及他们的需求。

一、高尔夫客户的特征

(一) 身份地位高

高尔夫俱乐部的客户大多数是商界、政界精英人士。他们积累了一定的财富，具有身份、地位和社会尊严，其生活方式、生活品位在很大程度上得到社会的认同。

(二) 追求高品质消费

客户对俱乐部的高品质产品具有较强的忠诚度，并形成稳定性消费，愿意高价购买高选题、品牌化的产品。客户在实际购买和使用过程中忠诚于特定品牌，无论是球具、服装、俱乐部，都会一直选择特定品牌的产品，以此满足其在文化上、精神的、心理上的需要。对品牌产品的消费不仅是对产品的服务质量的信任，而且能从中获得安全感，并体现在对品牌产品的信赖感。

(三) 消费能力强

客户不仅具有超前的消费观念，注重健身和娱乐，消费意愿强烈，而且具有一定的消费能力。根据目前我国高尔夫球的消费价格，俱乐部客户打一场球的花费为300~400元，而作为嘉宾一场球的花费在1000元左右。下场打球需要购买客户证、驾驶小轿车、购买球具等前期准备，这些前期开销需要投入较大的费用。目前在我国参与高尔夫运动的人，他们具有较高的收入水平和消费能力。高尔夫球手注重品位，讲究诚信，对高尔夫产品及品质形成自己的消费偏好。这种消费行为给高尔夫运动及相关产品带来了有形和无形的、经济和社会价值。高尔夫球手除了打球外，对俱乐部的其他产品如餐饮、住宿、娱乐、球具等也具有很强的消费能力，提升了产品的附加值。目前，我国的高尔夫消费人群主要以有经济实力的中产阶级或以上阶层消费者为主，集中在大型企业或公司老板及高级管理者，证券、金融人士，政府官员，影视和体育明星，私企老板，外商及其家属，富家子弟，外籍人士和港、澳、台球员。

(四) 关注消费群体

每个人与生俱来就处于某种特定制度的环境下，个体行为必然受到他人或既定环境因素的影响，所以，客户对消费环境的要求也越来越高。

(五) 长期忠实消费

基于对俱乐部及其产品的信任，客户会对俱乐部的产品产生特殊的好感和偏好，形成重复购买俱乐部产品等比较稳定的消费行为。

二、寻找目标客户的方法

销售人员需要具备一种发现和识别潜在客户的能力，并通过采取具备灵活性或创造性的营销策略来提高寻找客户的成效。从目前的市场来看，高尔夫市场的消费人群局限在特定的范围内，如果像大众商品那样通过大众传媒做广告的方法，可能导致覆盖面广、成本高，但收效不大的局面，因此高尔夫市场寻找目标客户的做法有别于一般的大众商品。

(一) 收集及分析目标客户资料

了解本地高尔夫消费人群主要集中在哪些行业，避免销售工作的盲目性，提高工作效率。这些资料主要来自现有俱乐部或练习场。一些有经验的销售人员，他们在寻找客户之前，往往通过收集和研究大量的资料，对高尔夫俱乐部的客人做出先期的客户研究、分析，充分了解客户的特点、状况，提出适当的具有针对性的寻找目标客人的策略。

(二) 寻找目标客户的地点

寻找目标客人一定要有的放矢。因高尔夫运动需要很高的运动技巧，我国现有的高尔夫人群中的大多数经常会到城市社区的高尔夫练习场练习挥杆，而一些新的高尔夫爱好者也不例外。所以，寻找目标客人的主要场所是练习场及一些高档消费场所。

（三）名单和电话簿

当销售人员接手一个地区的销售工作时，公司会为其提供一份客户名单，这是一个有利的起点。销售人员同时还应注意到其他信息来源，例如：

电信黄页和名录是提供准客户信息的另一个来源。电信黄页，不管是分类的还是常规的，都提供了许多准客户的线索。电信黄页是按照产品和服务类别编排的，对销售人员显得尤其有价值；对前后两年的电话簿进行比较，可能有很大的收获。

【小案例2-1】

王蕴的智慧

王蕴正为寻找目标客户一筹莫展的时候，朋友邀请她去玩，偶然发现朋友那有一本企业的电话黄页，如获至宝拿起来，对照着企业黄页从高新区到开发区抄录了近50家大型企业的名字和联系方式；查看了许久，最终，王蕴的眼睛停留在一家名为"中国×××国际经济技术合作有限公司"，她迅速打开电脑，通过百度查找该公司的详尽资料。果不其然，该公司的网站里"领导关怀"一栏里有中央和地方的领导及外宾到其公司考察的新闻，王蕴也找到了这个公司的核心人物董事长兼总经理陈某；运用此办法，王蕴一下子找到了五十几个目标客户，不禁沾沾自喜起来，甚至暗暗佩服自己竟然如此聪明，工作终于有了一个好的开始，先前的愁云也随之消散了。

现有客户的推荐是赢得新客户的最有效、最成功的途径之一。所以，尽可能地与现有客户或客户嘉宾联系和沟通，每位客户都有可能向你推荐1~3位潜在的客户人选。为了获得推荐客户，必须时刻维护并尊重信息推荐者的隐私权。

> 【小案例2-2】
>
> **偶然的相识**
>
> 王蕴非常清楚，光靠企业黄页单一地寻找目标客户的方式是远远不够的，还得开拓思路。她永远记得那一天，她忙完自己手头的工作，路过会所大厅，看见一位客人坐在会所大厅，他很礼貌地和这位客人打招呼，并为客人送上一杯茶，问他有什么需要帮助的。
>
> 王蕴："先生您好！我是铁岭龙山高尔夫俱乐部的会籍销售专员王蕴，有什么需要我帮助的吗？不知先生您是做什么工作的？"
>
> 客户："我是美佳服装公司的老板。"
>
> 王蕴："哦！美佳服装公司，挺有名气的。您是陪朋友打球来的？"
>
> 客户："是的。"
>
> 王蕴："那您为什么没下场呢？"
>
> 客户："因为我的手部有伤，不能下场。"
>
> 王蕴："听您的口音，您是哪里人？"
>
> 客户："我是锦州人。"
>
> 王蕴顺势抓住这个机会，向客人提出了她的想法。
>
> 王蕴："太巧了，我也是锦州人，我们还是老乡呢，老乡见老乡，备感亲切呀！您经常来俱乐部打球，一定认识很多朋友，我是新人，能不能帮我引荐几位您打球的朋友，让我认识认识。"
>
> 客户："哦！那没问题。"
>
> 王蕴通过这位老板又认识了很多朋友，王蕴就靠偶然的一次相识打开了自己的销售之路。

客户服务工作的主要内容是建立、完善客户分级管理体系；建立、完善客户服务活动运作流程；客户关系的维护；有效建立初始会员档案，对客户信息进行系统整理、统计及分析，为客户服务提供服务依据；对会员及准会员信息维护实行动态管理（通过回访工作、活动跟进及定期进行会员信息的更新），为活动策划及执行效果监控提供依据；提供销售信息的支持；负责会员服务活动的具体实施和对外关系协调。

（四）广告

利用广告帮助销售人员发展准客户。可以在杂志广告的下部提供俱乐部优惠券，让读者来信索取信息。

（五）通过互联网寻找准客户

网络是最便捷的宣传渠道。如今，在商务网站发布信息，认识、了解并寻找客户已经成为开发客户的主流途径之一。一方面，可以在网站上注册并发布俱乐部的信息，以方便对产品有需求的客户找到俱乐部；另一方面，销售员也可以通过网络主动寻找客户。

（六）高尔夫联盟球场

通过与目标区域的球场签订联盟协议，一方面为本俱乐部的会员增加更多的外出打球权益；另一方面可以增加本俱乐部的客流量。

（七）高尔夫订场机构

同预定规模较大的订场机构合作，虽然给予对方较为优惠的价格，但是通过不同形式的合作，为增加本俱乐部的客流量拓宽了渠道。

【实训练习】

实训项目

本项目的主人公王蕴在阅读了高尔夫客户的特征及寻找目标客户的渠道和方法之后，认识到了解客户特征、掌握寻找目标客户的渠道和方法作为销售工作的开始的重要性。为训练寻找目标客户的方法和技巧，请同学们以王蕴为销售员，会籍为销售产品，设计其所在地区的某个高尔夫俱乐部区域，将区域内的目标客户按照不同的渠道和方法搜集出来。

实训目标
1. 训练学生根据实际情况选择寻找目标客户渠道的能力；
2. 训练学生根据实际情况灵活使用搜集目标客户方法的能力。

实施过程

1. 将全班学生分为 3~5 个组，每个组设计一个目标客户寻找方案；

2. 每个小组将结果制作成 WORD 文档，用演示 PPT 来讲解小组活动成果，展示客户寻找方案，并对老师和其他小组成员的提问给予合理的解释。

实训考核

1. 寻找目标客户方案的完整性和可行性（40%）；

2. 项目工作完成的合理性、逻辑性、创新性（20%）；

3. 团队成员表演、讨论、发言的参与度（20%）；

4. 团队成员的协作性（20%）。

【作业与思考】

1. 高尔夫目标客户的特征是什么？

2. 销售人员寻找目标客户，有哪些渠道和方法？

任务三　制定拜访计划

一、熟悉自己的公司

高尔夫销售人员必须要了解自己所在的俱乐部，因为这样也可以使自己更好地理解俱乐部的有关政策、规定制定的原因和背景，便于解答客户的疑问也可以使销售人员与客户交谈时显得知识渊博，增加客户对俱乐部和俱乐部产品的信心。通常销售人员要掌握的公司情况包括以下几点：历史背景、在行业中的地位、配套设施、企业文化、发展战略、服务水平、销售政策、产品种类、定价策略、付款方式等。

二、熟悉自己的产品

我们不能要求客户是我们所销售产品（服务）的专家，但销售人员必须要成为自己所销售产品的专家。在出发拜访客户前对产品做好各项准备是必不可少的工作环节，这个准备过程也是大有学问的。

总之，销售员一定要对自己所销售的产品，做到事事成竹在胸，心中有数。

> **【小案例2-3】**
>
> ### 小张的失误
>
> 刚参加工作的销售人员小张最近显得很郁闷，原因是一周之前她遇到的一个意向客户王总在别的同事那成交了。小张一直在琢磨自己在接待他的每一个细节，印象最深的是王总在询问她关于会员权益的情景：
>
> 王总："你们这个俱乐部的品质的确挺好的，这个会籍价格也比较合理。但是为什么要限制打球天数呢？而且一年32天的打球权益根本就不够啊！"
>
> 小张："王总，32天的打球权益足够你打了，而且，这个会籍很多人都买了，又不是针对您一个人，大家对这个会籍认可度是非常高的。"
>
> 王总："好吧，我回去考虑考虑吧。"
>
> 而两天后，王总在小张的同事小李那成交了。
>
> 想了很久，小张也没有想出这个问题的答案。后来，小张和小李一起出来逛街，在吃饭的时候提起了这个事。小李告诉小张，其实，王总也问过她同样的问题，只是小李给王总算了一笔账，在东北的俱乐部一年营业时间不足8个月，平均一周来一次的打球频率完全是可以满足的；而王总本身是外地的客户，一年32天的打球权益可以满足其需要。

三、分析竞争对手

要有效分析竞争对手，首先要知道谁是自己的主要竞争对手，优势和弱势以及他们具有怎样的竞争反应模式等。但是，要了解所有竞争俱乐部、产品、商业活动的详细情况，几乎是不可能的事情。所以，一般来说，销售员要了解的竞争对手的内容主要包括以下几点：

1. 竞争对手的销售人员和他们的经历；
2. 竞争对手的价格；
3. 竞争对手产品或服务的优缺点；
4. 竞争对手的销售策略；
5. 竞争对手在权益保障以及服务方面的可靠性；
6. 竞争对手的销售业绩概况；
7. 客户对竞争对手的看法；
8. 竞争对手近期长远的动向。

销售员在与竞争对手及其产品做比较时，千万要做到诚实，最好不要去攻击和批评竞争对手，因为"通过贬低他人来抬高自己，那是自欺欺人的做法"，一般客户在听到你批评对手时，很可能会反感。

四、拟订拜访计划

在熟悉自己的俱乐部、会籍产品，以及了解竞争对手的情况后，就可以拟订客户拜访计划了，通常拟订客户拜访计划需要经历以下几个步骤：

（一）确定目标客户的 MAN 法则

在高尔夫行业里，有相对固定的客户，了解客户的不同特点，可以帮助我们筛选出能给企业带来利益的客户。因此，选择客户时要采取一定的策略。

在确定目标客户方面，有一个很好的理论——MAN 法则。

判断客户的 MAN 法则是通过 Money（金钱）、Authority（权利）、Need（需要）三个方面来对客户的购买能力进行筛选。

M Money：金钱

对方是否有钱，是否具有消费产品的经济能力及有没有购买力或筹措资金的能力。

A　Authority：权利

你所极力说服的对象是否有购买决定权？如果对方无权购买，销售员可能白费半天口舌。能否准确掌握谁是真正的购买决定者是销售员成功销售产品的关键之一。销售员交际是为了销售，如果弄错了"讨好"的对象，就只能是对牛弹琴。因此，千万别忘了幕后决策者。

N——Need：需要

如果对方不需要销售员所推销的产品，即使对方有权有钱，也是无效的。因为他们不会浪费金钱去购买一个自己不需要的产品（服务）。

MAN法则的关键是创造客户需求，抓住客户需求。一般来说，我们可以将客户分为三个等级：

A级：最近购买的可能性很大。

B级：有购买可能性，但还需要些时间。

C级：根据现状尚难判断。

【小案例2-4】

选择重点客户

某俱乐部的一位会籍销售员张丹干销售工作多年，经验丰富，客户较多，加之她积极肯干，在过去的几年中，销售额在公司内始终首屈一指。谁知自从一位新推销人员小刘参加培训回来后，不到半年，其销售额直线上升，当年就超过了张丹。对此张丹百思不得其解，她问小刘："你出门比较少，客户又没我多，为什么销售量比我大呢？"小刘指着手中的资料说："我在拜访前会仔细分析这些资料，有针对性地进行客户拜访。比如，我把124户老客户进行分析后，认为购买可能性大的只有34户，所以，把这34户做为重点客户，我只拜访这34户。其实，我的124户老客户中虽然只拜访34户。但是可以节约出大量时间去拜访新客户。当然，这些新客户也是经过挑选的，建立了关系。"

在运用一般法则对客户进行初步筛选后，为了更准确地找到目标客户，尽量让自己的销售拜访出击做到"百发百中"，销售人员可以运用MAN法则来筛选自己的准客户。

（二）确定销售目标

销售员在一次出访中，可能同时会有好几个目标要完成，但不管这些目标的大小主次，一个好的目标都应该是具体的、明确的、清楚的、可以测量的、可以达成的。另外，目标还应该是具有一定时限的。从这个角度来看，我们可以把目标分成近、中、长期目标。

需要强调的是，销售人员在拜访客户时，可能会有好几个目标，这个时候销售人员须要明确哪个是你最为关注的，或者说哪个目标对你来说是最重要的。去拜访客户时，销售人员可以对拜访对象细化到收款目标、促销目标、新产品推荐目标等。可能俱乐部现在要求你必须把客户的款项及时收回，那么这次你最重要的目标就是收款，因此，你必须先去完成这项重要目标，再去考虑促销和产品推荐这两项次要目标。

（三）制订访问计划

为了顺利达到访问目的，销售人员需要制订一份详细周密的访问计划。访问计划的内容必须具体且有针对性，拟订时可参照以下几个步骤来完成：

1. 选择要走访的具体客户

（1）数量

根据工作时间和以往的经验来确定客户数量，如果是销售新人，一般来说不要定得太多。

（2）名单

从你所拟定的潜在客户名单上挑选具体的对象，同一天拜访的客户尽量选择在同一个区域内的，在地图上画好访问路线，选择捷径。

（3）相关性

查看要拜访的客户中有无相关的企业，有则尽量安排在一起拜访，不仅效率高，同时还可以起到事半功倍的作用，拉近初次拜访的距离。

2. 确定拜访目标

（1）初次拜访。目的一般在于开发，要和客户彼此熟悉，建立良好的关系，为以后的合作打下基础。

（2）现有客户。要确定具体的目标。例如，成交、检查、收款、反馈、售后服务等。

（3）成交目标。应为一次拜访活动的主要目标。如果同时肩负多个目标，则应该根据目标的重要性和实现的可能性来确定实现的先后顺序，哪些一定要实现，哪些可以一步步来。拟订拜访现场作业计划，即情景的模拟。情景模拟一般包含以下几点内容：

①研究客户。研究客户的特性，老客户可以由客户资料卡上查看上次拜访的谈话结果，揣摩这次的销售技巧。查看其他销售员过去有没有访问过这个客户，如果曾被拒绝，销售员应在拜访前想好对策。

②设计行动步骤和提要。针对一些具体的细节问题和要求来设计具体的行动和提要。

③拟定产品介绍的要点。

④设想对方可能提出的问题并设计回答。如果你的经验还不够丰富，记住一定要多花一些时间在这上面，做到有备无患。

3. 准备销售工具

销售工具主要包括产品介绍材料和各种资料，介绍自我身份的材料如介绍信、工作证等。如果有纪念品或礼品不要忘记带上。最后还有些交易达成材料如合同文本、预收定金的凭证等也要带上。

备注：这些工具清单一定要列入计划中，这样可以随时查看和清点，避免遗漏。

【实训练习】

实训项目

王蕴很清楚推销工作是一件极具挑战性的工作，在拜访客户前，必须要非常熟悉所在的公司以及自己所要销售的产品，同时还要分析竞争对手及其动向，据此拟订好销售拜访计划。为了掌握这些技能，我们替王蕴在选择区域内拟订销售拜访计划。

实训目标

1. 训练学生掌握了解公司以及产品知识的能力；
2. 训练学生分析竞争对手的能力；
3. 训练学生拟订销售拜访计划的能力。

实施过程

1. 让学生以团队为单位，选择本地区的一家高尔夫俱乐部，进行实地调研；
2. 每个团队在产品调研的基础上，对所选俱乐部的总体情况、产品情况进行总结和描述，并进一步分析该区域内的竞争情况；
3. 每个团队在熟悉自己俱乐部、产品，以及了解竞争对手情况的基础上，为王蕴拟订销售拜访计划；
4. 每个团队将制订的销售计划制作成WORD文档，并用演示PPT的形式进行汇报。

实训考核

1. 实地调研情况以及搜集资料的有效性（20%）；
2. 俱乐部和产品整理、介绍的能力（20%）；
3. 项目工作完成的合理性、逻辑性、创新性（20%）；
4. 团队成员讨论、发言、汇报的参与度（30%）；
5. 团队成员的协作性（10%）。

【作业与思考】

1. 销售员为什么要了解自己的公司和所销售的产品？
2. 研究竞争对手一般要分析哪些内容？
3. 销售拜访计划在销售人员的销售工作中具有怎样的作用？

任务四　预约客户

预约客户是拜访客户前的最后一项准备工作，这项工作起着承前启后的作用，稍有不慎，就可能会导致预约失败，那么前期的工作也就白费了。因此，掌握预约客户的方式和方法非常关键。预约客户的主要方式有电话预约、面约、函约等。高尔夫俱乐部的销售人员在此任务实施中的主要任务是利用预约客户的方法，预约到有效的客户。

一、预约客户的方法

1. 面约

面约即销售人员与客户当面约定再见面的时间、地点、方式等。

2. 函约

函约即销售人员利用各种信函约见客户。信函预约客户可以说是一种比较古老的方法。一般可以用个人书信、社交请柬、广告函件等方式来约见客户。

在与对方较为熟识的情况下，采用个人通信的方式约见客户的效果是最好的。如果是新客户，柬帖、免果岭券或广告函件是比较理想的方式。

信函约见客户的优点是显而易见的：散布点多、覆盖面广、成本低廉、更为正式。

【小案例 2-5】

别出新裁的预约方法

白雪长得很漂亮，从事高尔夫会籍销售工作的时间不长。她知道电话约见是最快捷经济的方式之一，也知道打电话的方法和技巧。她用几乎 60% 的时间去打电话，约访客户，做得十分努力，可遗憾的是业绩还是不够理想。

她自认为自己的声音柔美、态度诚恳、谈吐优雅，可就是约不到客户。一天，她心生一计。她想打电话最大的弊端就是看不到对方的人，不知道对方长得什么模样，缺乏信赖感。为什么不想方设法让对方看到自己呢？

> 于是，她从影集里找出一张最具美感和信赖感的照片，以电子邮件的形式发给客户，并对自己作了自我介绍。
>
> 一般情况下，她打电话之前，先要告诉对方刚才客户收到的电子邮件或短信上的照片就是她。当客户打开邮件或短信看到她的美丽照片时，感觉立刻就不一样，对她多了几分亲近和信赖。从此，她的业绩扶摇直上。

3. 电约

电约即销售人员利用各种现代化的通讯手段与客户约见。例如，电话、短信、电子邮件等。电话预约是现代销售活动中最为常用的方法。其优点是迅速、方便。与书信预约相比可以节省大量的时间，与面约相比可避免不必要的往来奔波费用。一个成功的销售人员首先一定是一个打电话的高手。

二、约见客户的步骤

(一) 确定访问对象

1. 尽量设法直接约见客户的购买决策人。
2. 尊重接待人员。为了能顺利约见预定对象，必须取得接待人员的支持与合作。
3. 应做好约见前的各项准备工作。例如，必要的介绍信、名片、合同书等，要刻意修饰一下自己，准备好"态度与微笑"。

(二) 确定访问的理由

任何推销访问的最终目的都是为了销售产品，为了使客户易于接受，销售人员应仔细考虑每次访问的理由。根据销售实践，以下几种访问理由和目的可供参考：认识朋友；市场调查；网站介绍；提供服务；联络感情；签订合同；收取货款；慕名求见；当面请教；礼仪拜访；代传口信。

（三）确定访问的时间——争取天时

对于一次成功的销售拜访活动，掌握时机与付诸行动同样重要。要掌握最佳的时机，销售员必须做到：一方面，要广泛搜集信息资料，对客户、环境、竞争对手等都要做充分的研究，真正做到知己知彼；另一方面，要培养自己的职业敏感度，择善而行。在掌握时机方面，千万要有足够的耐心。根据访问的客户、访问目的、访问方式以及访问地点的不同，来确定最佳的访问时机。

在约定访问时间时，销售员应把困难留给自己，把方便让给客户，应考虑到各种难以预见的意外因素的影响，约定时间必须留有一定的余地。

（四）确定访问的地点——营造地利

在与拜访对象接触的过程中，选择一个恰当的约见地点和选择一个恰当的时机是同等重要的。约见地点不同，对销售结果也会产生不同的影响。为了提高成交率，销售员应该学会选择效果最佳的地点来约见客户，从"方便客户，有利销售"的原则出发，确定约见的合适场所。从销售的工作实践来看，约见客户的地点大概有以下几种：客户的居所、办公室、公共场所、社交场合等。

最好的销售拜访场所也许不在客户的家里或者办公室里，在午餐会上、高尔夫俱乐部上，对方对销售员的建议更容易接受，而且戒备心理也比平常要淡薄得多。适合销售面谈的社交场合很多，如酒吧、咖啡馆、会议、茶馆、娱乐厅、周末沙龙、生日聚会等。

【实训练习】

实训项目

本项目的主人公王蕴非常想知道如何能成功预约到客户，请你在前面任务搜集资料的基础上，设计一个预约客户的情景剧，并说明你所采用的预约方式及原因。

实训目标

1. 训练学生掌握预约客户要注意的事项；

2. 训练学生灵活地选择和使用预约客户的方法。

实施过程

1. 将全班学生分为 3~5 个组，小组成员分别扮演客户和王蕴；
2. 根据所学的预约客户的知识，设计预约客户的情景剧；
3. 客户对接到的预约信息作出反应，无论答应与否，请解释原因；如果客户不接受预约，王蕴在听了客户的解释后继续优化预约的方式和内容；
4. 最后每个组进行总结，并以 WORD 文档的形式进行提交。

实训考核

1. 预约方式的选择以及预约的理由（内容）的合理性、逻辑性、艺术性（40%）；
2. 团队成员讨论、演讲、答辩的参与度和效果（40%）；
3. 团队成员的协作性（20%）。

【作业与思考】

1. 预约客户一般要确定哪几件事情？
2. 预约的方式和方法有哪些？

项目二　实施销售活动

【项目情景】

经过两个星期努力，王蕴即将拜访她的第一个客户齐总。齐总是一个 40 岁左右，事业有成，有点不太好接近的客户。王蕴兴奋之余，也觉得心里没底，于是向销售经验丰富的同事于姐请教。于姐耐心地向她讲解了销售拜访要掌握的相关知识与技能：接近客户的方法和技巧，了解客户需求，挖掘客户需求，产品介绍，说服客户进行购买，正确面对客户的异议，学会接受客户的成交信号，并利用促成交易的策略、方法和技巧以达成交易。听了于姐的讲解，王蕴心理踏实了不少，积极准备拜访客户。

讨论与交流

你认为王蕴接下来要开展什么工作？应该掌握哪些拜访客户的技巧。

【学习目标】

技能目标

1. 通过训练，使学生具备接近客户的能力；
2. 使学生能够按照销售拜访步骤，具备顺利完成拜访销售目标的能力；
3. 使学生能够运用方法和技巧把握客户的情况，挖掘客户需求；
4. 使学生能够找到客户拒绝的真实原因，并有处理客户异议的能力；
5. 能够分辨出客户成交的信号，并有促成交易的能力。

知识目标

1. 熟悉接近客户的方法；
2. 了解客户心理与购买行为；
3. 产品介绍的方法、技巧；
4. 熟悉客户异议的类型与原因；
5. 理解处理客户异议的原则；
6. 了解成交信号。

素养目标

1. 培养学生团队合作的意识；
2. 培养学生吃苦耐劳的精神；
3. 培养学生观察的意识；
4. 培养学生热情、坦率、谦虚、礼貌等品质。

【任务分解】

任务一　掌握接近客户的方法
任务二　销售拜访
任务三　挖掘客户需求
任务四　处理客户异议
任务五　产品介绍
任务六　促成交易

任务一　掌握接近客户的方法

为了在接近客户短暂的时间内达到预期目的，必须要有适当的接近客户方法。下面是我们最常见的几种接近客户的方法：

一、赞美接近法

赞美接近法又称问候接近法，是指销售人员利用客户的虚荣心来引起客户的注意和兴趣，进而转入正式洽谈的接近方法。销售人员利用人们的自尊和希望他人重视与认可的心理来引起交谈的兴趣。当人们心情愉快的时候会变得很容易接受他人的建议，这时，销售人员要懂得抓住时机，正确地引导销售活动，例如赞美客人的球技水平、着装、气质、精神面貌等。

> 【小案例2-6】
>
> **销售从赞美开始**
>
> 客户李总是高尔夫初学者，非常关注自己的球技水平。一天来俱乐部打球，销售员王蕴特意跑到场下，看了李总打球，客人回场后，王蕴夸奖道，李总的1号木打的真是又远又直，李总听到后，嘴上没说什么，心里却是美滋滋的。

赞美接近法是一种常用的接近方法，但是在使用赞美接近法时应注意以下几点：

1. 选择适当的赞美目标

销售人员必须选择适当的目标加以赞美。就客户来说，个人的长相、衣着、举止谈吐、风度气质、才华成就、家庭环境、亲戚朋友等，都可以给予赞美；就组织购买者来说，除了上述赞美目标之外，企业名称、规模、产品质量、服务态度、经营业绩等，也可以作为赞美对象。但如果销售人员信口开河，胡吹乱捧，则可能弄巧成拙。

【小案例2-7】

选择适当的赞美目标

有一次，一个会籍销售人员拜访一位律师。律师很年轻，对高尔夫运动的接触不多，也没有什么兴趣，但销售员离开时的一句话却引起了他的兴趣。

销售人员说："马先生，如果允许的话，我非常愿意继续与您保持联络，我深信您肯定会成为一位名律师。""名律师"？听口气，好像律师怀疑销售人员在讨好他。

"几周前，我在一件案子的庭审现场听到了你的慷慨陈词，你一下子就把对方驳倒了，我当时对你真是佩服极了。"

听了这番话，律师竟有点喜形于色了。销售人员请教他是如何练就那么好的口才，他的话匣子就打开了，说得眉飞色舞。临别时他对销售人员说欢迎您随时来访。

---

2. 选择适当的赞美方式

销售人员赞美客户，一定要诚心诚意，把握分寸。事实上，不合实际的赞美，虚情假意的赞美，只会使客户感到难堪和反感，甚至导致客户对销售人员产生不好的印象。对于不同类型的客户，赞美的方式也应不同。对于严肃型客户，赞语应自然朴实，点到为止，对于虚荣型客户，则可以尽量发挥赞美的作用。对于年老客户，应该多用间接、委婉的赞美语言；对于年轻客户，则可以使用直接、热情的赞美语言。

3. 赞美一定要出自真心，讲究技巧

赞美即以"表扬"的方式对客户的外表、气质等进行表扬，以便接近客户。

二、介绍接近法

介绍接近法是指销售人员通过自我介绍或由第三者推荐介绍而接近客户的方法，它包括以下两种方法：

(一) 自我介绍法

自我介绍法是指销售人员自我口头表述，利用名片、身份证、工作证等身份证明来辅助达到与客户相识的目的。口头介绍可以详细解说一些书面文字或材料无法了解清楚的问题，利用语言的优势取得客户的好感，打开对方的心扉；利用工作证、身份证，可以使客户更加相信自己，消除其心中的疑虑；名片交换非常普遍，给对方递上自己的一张名片也同样可以弥补口头介绍的不足，并且便于日后联系。自我介绍法是最常见的一种接近客户的方法，大多数销售人员都采用这种接近技巧。但是，这种方法很难在一开始就引起客户的注意和兴趣。因此，通常还要与其他的方法配合使用，以便顺利开展正式面谈。

图 2-1

（二）他人引荐法

他人引荐法是通过与客户熟悉的第三者的介绍来达到接近客户的方法。"不看僧面看佛面"，一般人对陌生人都有排斥感，可是在熟人的介绍下，看在熟人的面子上，都会接受销售人员的好意或邀请。因为受托者是跟客户有一定社会交往的人，如亲戚、朋友、战友、同乡、同学等，这种方式往往使客户碍于人情面子而不得不接见销售人员。如果销售人员真的能够找到一个客户认识的人。例如对方曾告诉你客户的名字，或者告诉你该客户对高尔夫球有一定的兴趣或者有商务接待的需要，那么你自然可以对客户这样说："王先生，你的朋友李先生要我前来拜访，跟你谈一个你可能感兴趣的问题。"这时，王先生可能会对你所提出的一切感兴趣，这样你引起他的注意，从而达到你的目的。同时，他对你也会感到比较亲切。但是，切记一定不要虚构朋友的介绍。

三、产品接近法

产品接近法又称实物接近法，是指销售人员直接利用介绍产品的卖点而引起客户的注意和兴趣，从而接近客户的方法。例如，在会所制作会籍产品广告牌，以吸引客户。对驻足停留的客户进行重点讲解：

1. 产品本身具有一定的吸引力，能够引起客户的注意和兴趣。
2. 产品在权益、品质、价格等方面有差别优势。

四、利益接近法

利益接近法是指销售人员强调产品能给客户带来的实质性利益，以达到正式接近客户的目的的一种方法。"天下熙熙，皆为利来；天下攘攘，皆为利往"，从销售原理来讲，这是一种最有效、最有力的接近客户的方法。这种方法既避免了一些客户为掩饰其求利的心理而不愿主动询问产品所提供的利益的问题，帮助客户正确认识产品；又突出了销售重点。利益接近法的关键对利益的陈述要能打动客户的求利心理，但不可夸大其词。例如：对一个经常来俱乐部打球的嘉宾、访客，不妨为他算一笔账，按照会员、嘉宾、访客价格，18洞省多少钱，一个月打几次，一年下来能节省一大笔钱。

五、问题接近法

问题接近法又称讨论接近法，是指销售人员通过直接提问来引起客户的注意和兴趣进而转入面谈的方法。提问使一开始就进入双向交流，可以迅速抓住客户的注意力，使之在讨论中保持注意力和兴趣，从而顺利转入销售洽谈。问题接近法虽然是比较有效的方法，但其要求也较高。销售人员在提问与讨论中应注意以下两点：

（一）问题要突出重点，有的放矢，针对性强。在销售过程中，销售人员只有抓住最重要的问题，才能真正打动人心。销售人员提出的问题，重点应放在客户感兴趣的主要利益上。如果客户的主要动机在于节省金钱，提问应着眼于经济性；如果客户的主要动机在于通过高尔夫结交朋友，拓展人脉关系，提问则宜着眼于商务价值。因此，销售人员必须设计适当的问题，把客户的注意力集中于他所希望解决的问题上面，缩短成交距离。例如，客户孙先生是北方一家高尔夫俱乐部的常客，销售员小文问客人冬天北方俱乐部封场去哪打球，孙先生说南方，小文说，你买我们俱乐部的会员卡，我们在云南、海南都有联盟俱乐部，按照会员价收费，既经济又实惠，孙先生答应考虑考虑。

（二）问题应当是客户乐于回答和容易回答的。问题若过于复杂或者难以回答，不仅客户不会回答问题，同时还可能使销售人员失去和客户面谈的机会。

六、好奇接近法

好奇接近法是指销售人员通过各种巧妙的方法唤起客户的好奇心，引起客户的注意和兴趣，从而点明产品的会员利益，以顺利进入洽谈的接近方法。好奇之心，人皆有之。好奇接近法需要的是销售人员发挥创造性的灵感，制造好奇的问题与事情。但是好奇应符合规律，合情合理，奇妙而不荒诞，不可故弄玄虚。例如，列出价格差距非常大的两种会籍，客户可能会好奇地询问二者在会员权益上有什么不同之处；又例如利用人们的好奇心理来提问：先生，您想挑战一下我们俱乐部的 16 号洞吗？

七、请教接近法

请教接近法是指销售人员利用向客户请教问题的机会，达到接近客户目的的一种方法。在高尔夫会籍的实际销售工作中，销售人员可能要接近某些个性高傲的客户，这类客户自高自大，目空一切，唯我独尊，很难接近。但是，一般来说，人们不会拒绝登门虚心求教的人。请教接近法通过直接向客户提问来引起客户的兴趣。从而促使客户集中精力，更好地理解和记忆销售人员发出的信息，为激发购买欲望奠定基础。

> 【小案例 2-8】
>
> **巧用请教法接近客户**
>
> 客户赵总是一位不太好接近的人，有一次因为一件小事把销售员小张狠狠地训了一通，还把部门经理找来，为此小张委屈地哭了起来，其他人更害怕他了，轻易不敢和他说话。销售员小艾想去碰碰这个硬骨头，在一次赵总打完球回场后，看上去赵总的心情不错，小艾问："赵总，今天的球打得不错吧！向您请教一个问题，最近，俱乐部赌球方式都有哪些？"赵总马上来了兴致，"有很多种方式，比较常见的有斗地主。"然后滔滔不绝地讲起了斗地主的玩法，小艾用请教问题的方法接近了客户。

八、微信接近法

在高尔夫客户集中地（如高尔夫练习场、高尔夫俱乐部、高尔夫专卖等地方）打开微信、添加附近客户。

九、调查接近法

调查接近法是指销售人员利用调查的机会接近客户的一种接近方法。客户需求的差异性使得销售人员应该事先进行调查研究，才能提供最佳服务。采用这一方法比较容易消除客户的戒心，成功率比较高。销售人员可以依据事先设计好的调查问卷，征询客户的意见，调查了解客户的真实需求，再比较自然、巧妙地从问卷转为销售。例如，"张先生，您也是我们俱乐部的老客户了，感谢您长期以来对我们俱乐部的关爱，为了给您提供更优质的服务，我想作一个客户满意度问卷调查，麻烦您花几分钟时间来填一下表。"

十、搭讪接近法

搭讪接近法是利用搭讪的形式接近客户的方法。这种方法一般不会很快进入聊天程序，有时要用很长时间追踪与寻找机会。使用该方法接近客户时应注意：

（一）要选准接近客户的时机，只有针对非常重要的客户且没有其他方法或者机会可以接近时，搭讪与聊天才可以是一种接近客户的方法，最好在客户有较充裕的自由支配时间时进行，以免引起客户的反感。

（二）要积极主动，对于没有与之搭讪机会的重要客户，销售人员应该在了解客户生活习惯的情况下，主动创造条件和机会与之搭讪。

（三）要紧扣主题。

【小案例2-9】

搭讪接近法接近客户

销售人员王丽："孙经理在吗？您正忙着那？我是某某高尔夫俱乐部的销售专员王丽，经常路过贵店，看到贵店生意一直兴隆，您真是经营有方啊！"

店经理："您过奖了，生意还可以吧。"

> 销售人员王丽："贵店对客户的服务工作做的很细心，孙经理对贵店员工的培训一定非常用心，我也常常到别的店，但像贵店服务态度这么好的，实在少数，附近的张经理，对您的经营管理也相当钦佩。"
>
> 店经理："张经理是这样说的吗？张经理经营的店也是非常好，事实上他也是我一直学习的对象。"
>
> 销售人员王丽："孙经理果然不同凡响，张经理也是以您为模仿的对象，不瞒您说，张经理前几天在我们俱乐部买了一张商务卡，非常高兴，才提及您的事情，因此，今天我特来打扰您。"

以上介绍了十种接近客户的方法。在实际工作中，销售人员应灵活运用，既可以单独使用一种方法接近客户，也可以多种方法搭配使用，还可以自创独特方法接近客户。

【实训练习】

实训项目

本项目的主人公王蕴在前期做了大量的准备工作，现在要根据客户的特点，寻找一种接近客户的方法，请同学们为王蕴设计一个接近客户的场景。

实训目标

训练学生接近客户的能力。

实施过程

1. 将全班学生分为 3~5 个组，在每个组内进行角色的分工（销售人员和客户），然后进行接近客户、拜访客户场景的演练；

2. 老师对学生演练进行现场指导，并组织学生进行小组总结；

3. 抽签选择学习小组在全班进行演练，并由学生提问、点评，老师总结；

4. 每个小组将演练心得制作成 WORD 文档，并用演示 PPT 来分享活动成果。

实训考核

1. 接近客户的方法能力（30%）；
2. 项目工作完成的合理性、逻辑性、创新性（30%）；
3. 团队成员表演、讨论、发言的参与度（20%）；
4. 团队成员的协作性（20%）。

【作业与思考】

销售人员接近客户的方法有哪些？你还能想出更好的接近客户的方法吗？

任务二　销售拜访

每一个销售人员都想销售更多的产品。其实，最根本且永不过时的方法，就是使你的销量和拜访量永远成正比。如果说对销售技巧的掌握欠把握，那么拜访客户的数量完全可以由自己来决定。作为销售人员，必须牢牢记住，你的销量与你拜访客户的数量永远是成正比的，这是销售最基本的原则，不管你是否掌握了高深的技巧，你都应该严格遵循这原则。销售人员要通过一定的训练，让自己具有接近客户的能力，并能够按照销售拜访的步骤，顺利实现销售拜访的目标。因此销售人员在此任务实施中主要是要意识到拜访客户对于销售的重要性，掌握接近客户的方法，明确拜访客户的步骤。

一、掌握销售拜访的步骤

销售人员在初次拜访客户时，为了增进对客户的了解，取得客户的信任，要按照一定的步骤来实现。

（一）拜访中的步骤

1. 问候客户

初次拜访客户，见到客户后当然要问候客户，如"先生您好"、"早晨好"、"下午好"等，但要记住，这种问候应该发自你的内心，应该自然地流露出对客户的真心问候，而并不只是简单的应付。

图 2-2

2. 自我介绍

问候客户后要做自我介绍。自我介绍非常重要，并且有严格的步骤。按这六个步骤去做，有助于打消客户的疑虑。

（1）介绍自己的全名，从客户信任程度的角度讲，全名比起简单介绍姓氏可信度更高，因为客户对你的了解越多，他对你的信任也越深；

（2）介绍自己的公司；

（3）介绍自己的职责；

（4）与客户握手，有了介绍和目光交流之后，一定要和客户握手，拉近与客户之间的距离。握手时一定要显示出热情，要实实在在地握住客户的手，并稍微用一些力，以表示你的坦诚、热情和信心；

（5）交换名片，不要小看这个步骤，它能反映出专业销售人员和一般销售人员的差别。专业的销售人员有个共同的特征，就是他们的名片永远都放在一个固定的地方——可能就放在左边的口袋里——他拿出的永远是自己的名片,并且这个名片拿出来之后上面的文字一定是面对着客户的;而在收到客户的名片后,他会把它放到另外一个口袋。在任何时候遇到客户,这一举动都显得非常简练而专业;

(6) 介绍同事,如果有同事和你一起去拜访客户,一定要向客户简单介绍这位同事。原因很简单,如果客户在与你沟通的过程中,旁边坐着一个陌生人,那么他可能会非常不舒服,或者会有很大的心理压力,所以介绍同伴也是你在拜访客户的时候需要做的一件事情。

3. 进一步发展与客户的关系

自我介绍之后,接下来要做的事情并不是销售,在这个时候急于开展销售是不可能成功的,因为客户还没有对你产生最起码的兴趣,或者对你的信任还不够,所以这个时候要进一步发展你与客户之间的关系,使客户对你的信任有所增加,这样才有可能进入到销售环节。例如,通过观察迅速找到一些你与客户共同的经历(共同打球的俱乐部,共同认识的客户,共同关心的高尔夫赛事),找到一个话题,拉近与客户的关系。如果实在没有找到这样的事情,就要试着寻找一切可能与客户产生信任的联系。例如,观察奖品柜里摆放的高尔夫赛事奖杯,室内有球包,推杆练习器等,其目的就是要找到一个共同的经历,拉近你和客户之间的关系。只有与客户之间有了一定的信任以后,才有可能转入到销售对话。如果客户还没有对你产生兴趣,千万不要谈论销售,一定要找出某个轻松愉快的话题,建立融洽的氛围,然后才可以进入到销售环节。

二、销售拜访中要注意的一些问题

在销售拜访中,一般要注意以下八个问题:

(一) 营造良好气氛

营造一个良好的氛围,这点非常重要。任何客户只有在心情好、氛围好的情况下,才有可能产生购买的欲望。很多销售人员见到客户以后,经常会不由自主地说一些使气氛变得沉闷的话题，例如，"哎呀你看现在堵车这么严重，真是浪费时间"——这样的话题尽可能地少说，尽量说一些轻松愉快的话题。

（二）显示积极的态度

通常情况下，客户更愿意与一个积极的销售人员做交易，而不愿意和一个消极的人沟通。因此，销售人员一定要表现出积极的态度。

（三）抓住客户的兴趣和注意力

尤其是竞争日益激烈的今天，每一位高尔夫客户都可能非常繁忙，一旦对你的话题没有兴趣，他就会对谈话的内容及销售人员本人产生极大的反感，所以一定要时刻观察客户的注意力和兴趣。你可以看着客户的眼神，当他的眼神飘忽不定的时候，说明他对你的话题已经产生了一定的抵触情绪或者失去了兴趣，那么你就要找出新的、可以调动他兴趣的话题。例如客户经常去打球的、非常熟悉的俱乐部。

（四）进行对话性质的拜访

设法使每一次与客户之间的拜访都是一种对话性质，其目的是要让客户多说。很多销售人员，见到客户以后就不厌其烦地说，在他描述产品之后客户却总结了"不要"两个字，这是非常不专业的表现。如果客户不说话，怎么办呢？可以用提问的方法引导客户去说，使之成为对话性质的拜访。

（五）主动控制谈话的方向

作为一个销售人员，在和客户交谈的时候，一定要主动控制谈话的方向。因为拜访客户是销售人员的工作，必须精心控制谈话的方向，使谈话朝着对销售有利的方向发展。千万不要让客户左右谈话，无意间把话题带入一个对销售不利的方向。如果谈话时客户引导你转入"我可能调走""公司正在扩建"等话题，就对你的销售非常不利，因此要时刻控制谈话的方向。

（六）保持相同的谈话方式

需要注意的是时时刻刻保持与客户相同的谈话方式。这样会让客户感到非常的舒服，愿意多说话，销售人员本人也会感觉到舒服。比如说语速，有的客户说话快，有的则慢一些，那么销售人员就要从语速、音量上保持和客户相同，这样客户听起来会感到舒服。

（七）有礼貌

礼貌会赢得客户的好感，进而把这种好感转变成对你的信任。作为销售人员，要把礼貌体现在实际行动中，化成客户能够看到的行为。例如，拜访客户后，在起立辞别时，应该把客户的椅子放回原地，书写过的没用的纸张带走——这样简单的行为就能让客户建立起对你的好感。所以说，在任何时候都要注意类似的行为。

再如，你可以顺手甚至是刻意地把用过的一次性纸杯拿起来，扔到垃圾桶里。这也是一个有礼貌的专业销售人员的行为——尽管客户说不用了，但仍然要坚持做到，使之成为一种习惯。

（八）表现出专业性

一举一动都要表现出你的专业性。这种专业性来自你的微笑，来自你的握手。就像空姐最好的微笑是要露出八颗牙齿，专业的表现也是赢得信任的一个重要因素。

销售拜访的成功与否，直接决定着销售成败。现在我们就来讨论一下在销售拜访环节中，取得客户的信任促成交易所需要的关键技巧，主要包含以下几个方面。

（一）塑造良好的第一印象

第一印象是人的意识局限性的一种体现，对某个事物或人的第一印象能够在很大程度上决定我们对这些事物或人的看法，甚至决定我们的行为。调查表明，80%的购买行为是受人的心理和情绪影响的。客户因为信任销售人员而进行购买，而不是因为公司的产品和价格。老客户会反复购买甚至不怕麻烦，也是出于这个原因。

【小案例 2-10】

唐突的拜访

一个星期一的早晨，某大银行刚上班，正在开例行会议安排本周的工作计划和布置重点工作，突然传来敲门声，没等工作人员说"请进"，就闯进来一位男子，原来是一家高尔夫俱乐部销售人员前来进行销售拜访。

"我是某某高尔夫俱乐部的……"没等对方说完，就有人不耐烦地说："你没看见我们正在开会吗？"

这位销售人员一看对方都没有笑脸便悻悻地走了。被他这么一打扰，银行员工都不记得说到哪里了，心里对这位不速之客更反感了。

【小案例 2-11】

疑人偷斧

从前，有个人丢了一把斧子。他怀疑是邻居家的孩子偷的，就暗暗地注意那个孩子。他看那个孩子走路的姿势，像是偷了斧子的样子；观察那个孩子的神色，也像是偷了斧子的样子；听那个孩子说话的语气，更像是偷了斧子的样子。总之，在他的眼睛里，那个孩子的一举一动都像是偷斧子的。

过了几天，他在刨土坑的时候，找到了那把斧子，原来是他自己遗忘在土坑里了。从此以后，他再看邻居家那个孩子，一举一动丝毫不像偷过斧子的样子了。

（二）开场白要得体

说得好："话不投机半句多。"销售更是如此。开头语，尤其是第一句话说得是否得体，将直接影响着你与客户以后的往来。在销售活动中，特别是在登门销售时，业务员习惯于这样说"先生，你需要……吗？"这是最常见的用于第一句话的句式，但这是一种错误的问话方式。因为不明确的问话显得唐突，十有八九会遭到拒绝。那么，你应该怎样说呢？例如，销售员去拜访客户，"从您的着装，可以看出您的专业程度。"

（三）适当的寒暄

在与客户初次见面时，我们可以通过与客户寒暄，建立良好的第一印象，达到放松客户戒备心理的作用，从而形成沟通的良好氛围。

寒暄在销售中的作用是十分重要的，其主要表现在：可以让彼此第一次接触的紧张情绪放松下来；可以解除客户的戒备心理；可以成为建立信任关系的热身活动。可见寒暄是良好沟通的开始。它的"调子"，直接影响着整个销售过程的开展，甚至会影响销售效果。

（四）赞美

每个人都渴望被赞美，由此可知，要想取悦客户，最有效的方法就是热情地赞扬他。在赞扬客户时，要注意不能空泛、含混地赞美，而是要有意识地说出一些具体、明确的事情。同时我们也要善于观察发现客人异于别人的特点来进行赞扬，一定会取得出乎意料的效果。

【小案例2-12】

李雨的错误

李雨去拜访一位年轻的小公司老板。进了办公室后，他便赞美年轻老板："您如此年轻，就做上了老板，真了不起啊，真是年轻有为。能请教一下，您是多少岁开始工作的吗？"

"18岁。"

"18岁！天哪，太了不起了！这个年龄时，很多人还在父母面前撒娇呢。那您什么时候开始当老板呢？"

"两年前。"

"哇，才做了两年的老板就已经有如此气度，一般人还真培养不出来。对了，你怎么这么早就出来工作了呢？"

> "因为家里只有我和妹妹，家里穷，为了能让妹妹上学，我就出来干活了。"
>
> "你妹妹也很了不起啊，你们都很了不起啊。"
>
> 就这样一问一赞，最后赞到了那位年轻老板的七大姑八大姨，越赞越远了。最后，这位老板本来对高尔夫是非常有兴趣的，结果也不买了。
>
> 后来，李雨才知道，原来那天自己的赞美没完没了。本来刚开始时，老板听到几句赞美，心里很舒服，可是李雨说得太多了，搞得他由原来的高兴变成不胜其烦了。

【实训练习】

实训项目

本项目的主人公王蕴在前期做了大量的准备工作，现在要根据客户特点，寻找一种接近客户的方法，并且要争取当面拜访的机会。请同学们为王蕴设计一个拜访客户的场景，并按照技巧实施当面拜访。

实训目标

1. 训练学生接近客户的能力；

2. 训练学生掌握销售拜访中的关键环节和关键技巧。

实施过程

1. 将全班学生分为3~5个小组，在每个小组内进行角色的分工（销售人员和客户），然后进行接近客户、拜访客户场景的演练；

2. 老师对学生演练进行现场指导，并组织学生进行小组总结；

3. 抽签选择学习小组在全班进行演练，并由学生提问、点评，由老师作总结；

4. 每个小组将演练心得制作成WORD文档，并用演示PPT来分享活动成果。

实训考核

1. 销售拜访的步骤和关键技巧（40%）；

2. 项目工作完成的合理性、逻辑性、创新性（30%）；

3. 团队成员表演、讨论、发言的参与度（20%）；

4. 团队成员的协作性（10%）。

【作业与思考】

1. 销售拜访的步骤有哪些？
2. 销售拜访的技巧有哪些？

任务三　挖掘客户需求

根据全球销售调查显示，90%的人认为，销售当中最困难的工作是寻找和发现客户的需求点。销售人员要分析客户的需求首先应该分析客户需求的问题所在，找到问题后给客户一个解决问题的方案，这才是销售人员需要挖掘的客户的真正需求点。

此任务实施的主要内容是了解客户心理与购买行为，并学会用观察、重述、提问等技巧挖掘客户需求。

一、分析高尔夫客户的心理与购买行为

客户购买产品，总是为了获取产品的价值，对于高尔夫消费人群而言，选择高尔夫俱乐部也是为了获取高尔夫俱乐部为他们带去的价值。不同的人群，以及同一人群中都会存在不同的需求组合与价值要求。

（一）购买高尔夫会籍的动机（需求）

就高尔夫消费人群而言，他们的需求可以概括为以下四大类型：

1. 商务交际，圈子集群需求：客户入会动机明确，功利性强，未必全都关注于打球本身；选择会籍时比较看重交际或招待对象的价值感受，看重俱乐部名气、气派、档次等；此类需求可能是潜在的，一旦被激活，需求主体的消费能力强，价格敏感度低；球技未必很高，打球频率低，是高价值、高贡献的客户；现存和潜在人群大，单位会员、个人会员都有。

2. 爱好专业，喜爱高球运动：客户的打球需求已经存在，对俱乐部硬件要求较高，特别关注打球权益；这类需求的主体的会籍消费理性，货比三家，甚至已形成"是球迷就不买会籍"的群体倾向（极高消费能力的除外），他们的价格敏感度极高；球技高，打球频率高。

3. 身份面子，入流，上品：此类需求是潜在的，需要被激活，需求的主体具有较好的消费能力，潜在人群数量庞大；主要是依靠圈内人士的影响，也会受到广告、其他宣传途径等方面的影响。

4. 健康保健需求，娱乐休闲需求，旅游度假需求：由于没有太强的功利目的，也不是对高球成瘾，因此此类需求大多依靠圈子感染，激活和满足都相对较难。

不同人群，以及同一人群在四大需求的侧重上存在很多差异。就俱乐部本身的资源以及经营而言，也不是要全面满足四大需求。高尔夫俱乐部要根据目标人群的需求以及俱乐部的资源设定相应的产品组合、价值组合，以满足目标人群的不同需求。

（二）圈层影响

所谓圈层，是指某一类具有相似的家庭血统、教育背景和经济条件、生活形式、艺术品位的人，在互相多次共同活动中，形成共同的爱好、趣味和观念，从而结交形成的一个稳定的圈子。

1. 高尔夫圈层的构成

高尔夫圈层是以高尔夫球运动为主要爱好，编织起的社会名流、城市新贵、商业巨子、娱乐明星等人形成的小圈子。

2. 圈层影响重在抓住圈层人群特点

圈层影响就是针对特定圈层人群的特性进行全方位剖析，采取符合其消费行为和习惯的方式促进交易。

圈层影响就是需要让有相同消费意识、相同经济条件、相同文化审美和相同生活习惯的人走到一起，通过特定圈层活动维系相互关系，宣传品牌和产品，扩大交际面，谋求更多合作发展的机会。

3. 家庭因素

家庭对消费者购买行为的影响不仅是直接的，而且是一种潜意识，不管自觉或不自觉，也无论在什么场合，家庭对消费者购买行为的影响总会体现出来。

如今高尔夫人士对"全家参与"的重视，体现了精英人士热爱高尔夫、重视事业与家庭平衡的趋势。

综上所述，一个人的购买行为是经济、心理、社会和文化因素相互影响、相互作用的结果，它们综合影响消费者的购买行为和感受。

二、客户购买行为类型

高尔夫客户在购买产品时的表现是多种多样的。一方面，购买者由于收入、性格、文化素养等方面的不同而存在购买心理的差异，一般情况下，客户购买行为类型主要有：

（一）理智型

理智型消费者头脑冷静，在购买产品前，已经过深思熟虑，对产品的价格、权益、服务等信息进行了广泛收集和分析，早已胸有成竹。在购买时喜欢独立思考，不愿意销售人员过多的介入，往往对自己的判断力非常自信，有时也比较固执。

（二）冲动型

冲动型消费者感情外露，想象力丰富。在购买产品前通常没有足够的思想准备，以直观感觉为主，容易受产品广告宣传和销售人员劝说的影响。

（三）选价型

选价型客户认为高价不仅意味着服务的高质量，同时也是购买者经济能力或社会地位与身份的象征，具有某种社会意义；而低价选择者购买产品主要是图实惠。

（四）疑虑型

疑虑型消费者在购买产品时比较注意观察产品的细微之处，考虑的问题很多，难以决策，即使作出购买决策也可能因为反悔而中断购买行为。

（五）随意型

随意型消费者的购买心理不稳定，没有明确的购买目标和要求，缺乏购买产品的选择常识，没有主见，容易受旁人意见的左右。

以上是对消费者购买行为类型的总体分析以及对待每一类购买行为的简单的原则和态度。在销售的过程中需要灵活对待，切记不可教条化。客户的购买行为也许是积累的综合，也许是介于两类之间，这时需要考验销售人员的判断力与机智。

三、以团队为决策的购买者的需求分析（高尔夫球队）

有的团队具有打球需求：如高尔夫球队。

在一个团队决策中，参加决策的人通常可分为以下五类：

（一）决策人

决策人通常来说是团队里职位最高的，在合同上签字的人。他更关注产品的投入产出比。因此对于决策人，销售人员要用非常准确的数字来说明产品是物超所值的，投入的费用与产生的价值成正比，这是团队客户决策人最关心的，在销售人员的销售表达中一定要体现客户的投入产出比。

（二）财务人员

财务人员不言而喻，其最关心的是公司有没有这方面的预算、采购制度、财务制度。因此，你在销售表达之前，要对此有一个准确的了解，客户有没有这样的预算，是多少预算，产品是否超出了客户的预算。

（三）支持者

支持者即支持公司购买产品的人，可能是与销售人员关系好的一些人，也可能是对销售人员有好印象的人。团队支持者的需求是否得到销售人员的尊重和认可，这非常重要。所以说你对那些哪怕是很小的支持者，也有必要做一些友好的问候，表示对他们的尊重。

（四）技术人员

俱乐部、服务、设施是否能够满足团队的需要。

（五）使用者

产品被公司客户购买以后由使用者来使用，而是否能赢得使用者的认同。

以团队为决策的五种人，由于每种人的需求不一样，销售人员在进行销售时要针对每一种人去满足其需求，这样才会吸引越来越多的团队客户购买产品。

四、挖掘客户需求的方法和技巧

了解客户需求是一个非常重要，甚至是最重要的一个销售技巧。每一次销售拜访都会有一个目的，而大多数销售拜访的目的就为了了解客户的需求——可能最后一次销售拜访是为了签订合同，但是在这之前的拜访都是为了不断了解需求。了解需求的方法主要有提问、重述、聆听、观察等。

（一）提问

提问，通过提问了解客户需要什么，如何把握提问的技巧，必须要先了解问题的类型。

1. 封闭式问题

封闭式问题是限制对方回答的内容，或者要求得到某种特别信息的问题，即只能用是或不是、对或错、买或不买等来回答的问题。当客户和销售员沟通的时候，如果跑题了，就要用封闭式问题使客户的话题回到正题上。例如，"对您而言，俱乐部品质重要吗？""您想扩大您的朋友圈吗?""您会顾虑有关服务方面的问题吗?"通常只能用"是"或"不是"来回答。

2. 开放式问题

开放式问题是鼓励对方说话,不限制对方回答内容的问题。例如,"您能描述一下您对于高尔夫俱乐部都有哪些需求吗?"类似为什么?有什么?是什么?做什么?怎么样?都是开放性问句。开放式问题可以使客户尽情描述他的需求。因此,销售人员在了解客户需求的时候,要尽可能多提开放式问题。

【小案例 2-13】

兴趣与成交

李骥是上海一家大公司的副总裁,他手下的员工对他的评价是铁面无私,非常不容易接近。

上海一家高尔夫俱乐部的会籍销售人员小陈在拜访他几次后竟然从他那买了一张公司会籍。其实原因非常简单:李骥有一项非常特殊的个人兴趣——看足球赛,尤其喜欢皇家马德里队,小陈偶然发现了以后,就上网收集皇家马德里队的资料,主动邀请李骥看足球赛,讨论皇家马德里队足球明星的趣闻。这样,他们两人有了一个共同兴趣,共同话题也多了起来。

(二)提问的技巧

多数销售人员见到客户时都能轻松展示自己的产品,介绍自己的公司,但是到了向客户提问的时候就变得非常尴尬,不知道该问什么问题。很多销售人员都感觉提问是一件非常困难的事情。关于提问的技巧,可以以客户的目标或挑战、客户的特殊需求、客户以往的经历、销售人员还可以询问客户个人的某些经历或共同的兴趣爱好,这些均有助于与客户建立更深层次的关系。

(三) 提问的方法

1. 开门见山提问法

开门见山提问法是在会谈中有不明白的问题或想了解某一问题时，直截了当地向对方提问，不绕圈子。例如，"您对打高尔夫球有兴趣吗？"

开门见山提问法具有言简意明的特色，因而常被销售者所采用。当然，常用不等于任何场合都能使用，当对方对某些问题有所避讳时，就不宜直问。

2. 委婉含蓄提问法

当对方对某些问题有所讳忌时不宜直问，遇此情况，成功的销售人员常采用委婉、曲折的问法，迂回含蓄地提出问题。这就是我们所说的"委婉含蓄提问法"。

3. 诱问导入提问法

所谓诱问导入提问法，就是有目的地诱问、引导，使对方不知不觉地落入自己预设的"圈套"。

4. 限制选择提问法

限制选择提问法又称为二者择一法，它是一种故意将对方的选择范围限制在两个选择之间的提问方式。例如，你要邀约客户，并想让他按你设想的时间赴约，于是，你在即将结束交谈时说"既然这样，那么，我们是星期二见，还是星期三见？"这里"星期二见，还是星期三见"就是限制选择法。

5. 协商讨论提问法

协商讨论提问法是指用商讨的语气向对方提问。例如，"你看咱们就这样定了好不好？"协商讨论式提问法，语气平和，即使对方没有接受销售员的意见，交谈的气氛仍能保持融洽。

6. 澄清证实提问法

在销售谈判中，谈判的一方为了进一步证实上一轮问答中对方答复的意思是否准确，澄清对方的态度是否明朗，常常针对对方的话语进行提问，这就是我们所说的澄清证实提问法。例如，"你刚才说你会尽量满足我们的要求，是这样的吧？"

(四) 重述

重述就是重复叙述客户的话。这是一个重要的技巧，因为重述不仅可以验证销售人员是否正确理解客户的话，而且还能与客户进一步确认其需求。在销售过程中，其主要作用表现在以下两个方面：

1. 加深客户的好感

重述的目的就是加深客户的好感，因此在与客户沟通的时候，遇到任何对销售有利的事情都应该把它重述一遍。重述的时候一定要注意，要用自己重新组织的语言去重述客户的意思，而不是呆板地重述客户的原话。

2. 提供更多的思考时间

重述还有另外的一个用处，即它可以给客户一个信息：销售员正在认真地聆听。这种积极的聆听可以促使客户说得更多，既给客户一个好的印象，同时还可以留给自己一些时间来思考。有时遇到异议也要重述，例如，"您提出的异议是我们俱乐部并不太具有挑战性，是这样吗？"在这个过程中就会有更多的时间留给自己思考。

当然，能否恰当地运用重述这个技巧，关键点是时机，它通常可以在两种情况下使用：第一，当客户提出对销售有利的需求的时候，或者客户提出的需求是产品能够满足的时候，要立刻重述一下客户的需求；第二，客户提出了对产品或俱乐部有利的评论的时候，也要重述。

(五) 观察

人的心理现象既生动，又复杂，有着发生和发展的无穷奥秘，所以销售员必须要观察客户的心理变化，察言观色，把握客户的心理变化，适时提出忠告、指导或诱导言辞，否则便会丧失销售的良机。观察要做到细致入微、准确、全面、与思考结合起来。

总之，要深入细致地观察，必须有着与众不同的缜密和敏锐。

【小案例2-14】

观察的作用

一次，某高尔夫俱乐部销售员小王去拜访一位意向客户章主任。由于工作原因，小王不可能多次拜访这个客户，必须在一次拜访中了解客户的资料，迅速与他建立互信关系并计划下一步行动。

小王来到客户办公室，敲门进去。章主任正在打电话，示意小王坐下来。小王坐在沙发上，并利用这段时间仔细观察客户的办公室。这是一间很大的办公室，章主任的办公桌靠近窗口，上面堆放了很多资料，还有正在下载的股票信息。章主任的对面是一个书架，书架上摆满了书籍。办公桌和书架的左边是沙发和茶几，茶几上有一本高尔夫技术方面的杂志。

小王："章主任，您对高尔夫技术很有研究吗？"

章主任："刚开始接触高尔夫，谈不上研究。"

小王："您现在什么杆打的比较好呢？"

章主任："没有太好的，我1号木总是打不好，你也会打球？"

小王："平时也陪客人下场打球。"随后就打1号木的关键点：排除干扰，心理素质要硬以及站位和握杆、试挥杆等向章主任进行详细讲解。

章主任："真没想到，原来你对高尔夫球这么了解，听了你的讲解，对我的启发挺大的。"

半个小时以后，章主任认为可以告一段落了，便说："好吧。"章主任离开座位，来到书架前。

小王："哦，《资治通鉴》，我正想买一套。《资治通鉴》有很多版本，您的这套是柏杨版的，您觉得怎么样？"

章主任："柏杨版的比较通俗，还不错。"

结束拜访回到北京后，小王写了一封信给章主任，对他的接待表示感谢。与信一起寄给章主任的还有两套二月河著的《雍正皇帝》和《乾隆皇帝》。

从上面的案例我们可以看到，与客户见面时要注意观察客户的表情、办公室的布置、桌子上的相册等一切细节，这些细节都可以成为销售的良机。例如，小王看到章主任在看高尔夫技术方面的资料，说明他对高尔夫技术非常在行，一定会喜欢和别人谈球技。当看到章主任在读《资治通鉴》，说明他喜欢历史，小王便寄一套类似的书籍给他。客户有兴趣炒股票，小王可以等客户来北京的时候，请他与自己在证券公司工作的大学同学一起吃饭。有经验的销售人员可以在与客户相处时察觉很多蛛丝马迹，这些蛛丝马迹的细节对了解客户的需求和爱好会有很大的帮助。

（六）倾听

听不仅能让销售人员捕获信息，还有助于销售人员对信息的处理。要做到积极倾听，就要注意以下技巧：

1. 调动并保持注意力

与客户的谈话是否成功，注意力的调动和保持是一个很重要的因素。集中注意力不仅能使自己听到客户的言内之音及言外之意，还能获得客户的好感。那么，如何调动并保持注意力呢？方法固然有很多，但此时把同你谈话的客户看成世界上"最重要的人物"，把他的讲话看作是你平生所听到的"最重要的言语"，不失为一种有效的方法。

2. 同客户保持稳定的目光接触

心理学家认为，谈话双方注视对方的眼睛能给彼此造成良好的印象。目不转睛地凝视，会让对方感到不自在，甚至还会觉得你怀有敌意。而游移不定的目光，又会让对方误以为你是心不在焉，不屑一顾。一般情况下，在整个谈话过程中，最佳的目光接触，应该是在开始交谈时，首先进行短时的目光接触，然后眼光瞬时转向一旁，之后又恢复目光接触，就这样"循环往复"，直至谈话结束。

3. 倾听时应注意姿态

人们在谈话时往往不注意姿态，而实际上，姿态最能显示自己对说话者或谈论话题的态度。当倾听者身体稍向前倾并以诚恳赞美的目光看着说话者时，表示的便是一种关心，一种谦逊的态度，似在告诉对方你的讲话对我来说非常重要，因此，我全神贯注地在听你讲话。当倾听者身体后仰，手脚伸开，懒洋洋地坐在沙发椅上，并以不耐烦的目光盯着门窗时，传递的就是情绪不安或心不在焉的信息，这无疑是在向对方说别再谈下去了，我一点也不想再听你讲话了，你的话对我来说没什么用处。

【实训练习】

实训项目

王蕴在销售拜访之初和客户进行了简单的沟通，给客户留下了良好的第一印象，所以王蕴想乘胜追击，运用提问、重述、观察、倾听等技巧来进一步挖掘客户需求和了解客户要解决的问题。请各学习小组在实地调研的基础上，为王蕴设计一个销售情景，帮助她快速掌握挖掘客户需求的方法。

实训目标

1. 训练学生问问题的能力；
2. 训练学生重述总结的技能；
3. 训练学生观察的技巧；
4. 训练学生有效的倾听；
5. 使学生能够把握情况，挖掘出客户需求。

实施过程

1. 将全班学生分为3~5个学习小组，各小组利用课余时间去所在城市的高尔夫俱乐部，在实地观察的基础上，自行设计销售情景。要求：每个学习小组进行角色分工（销售人员和客户），进行角色演练，利用提问、重述、观察、倾听等技巧来挖掘客户需求；
2. 老师对学生演练进行现场指导，并组织学生做小组总结；

3. 抽签选择学习小组在全班进行演练，并由学生提问、点评，由老师做总结；

4. 小组讨论：如何利用提问、重述、观察、倾听等技巧来进一步挖掘客户需求；

5. 每个小组将演练心得和讨论结果制作成 WORD 文档，并用演示 PPT 来分享活动成果。

实训考核

1. 挖掘客户需求的能力（40%）；

2. 项目工作完成的合理性、逻辑性、创新性（40%）；

4. 团队成员的协作性（20%）。

【作业与思考】

1. 常用的提问方式有哪些？这些方式各有什么优缺点？
2. 结合实例说明观察的技巧有哪些？
3. 结合实例说明倾听的目的有哪些？

任务四　产品介绍

当销售人员对客户需求有了明确的认识以后，就要根据自己的经验和专业知识，有针对性地进行产品介绍，目的是为了提高客户对产品的认识和兴趣，促使客户做出购买决定。客户购买产品时，实际上购买的是产品背后的利益，所以销售员在进行产品介绍时，要向客户重点强调产品带给客户的好处，促使他们产生兴趣和购买欲望，这样才能达到产品介绍的目的。因此销售人员在此任务实施过程中的主要任务是学会运用产品介绍的方法和技巧，同时避免在产品介绍过程中经常出现的问题，以达到成功介绍的目的。

一、产品介绍的方法

产品介绍是一项专业性和艺术性都很高的工作。销售人员要恰当掌握和运用不同的介绍方法，产品介绍的方法主要分为提示法和演示法两类。

（一）提示法

提示法是指销售人员在进行产品介绍时，利用语言形式的启发，诱导客户产生购买的动机，并促使其作出购买决策的方法。提示法根据提示的方式不同还可分为以下几种：

1. 直接提示法

直接提示法是指销售人员开门见山，直接劝说客户购买其所销售的产品。这种方法的特征是销售人员接近客户后立即向客户介绍产品，陈述产品的优点与特征，然后建议客户购买。

2. 鼓动提示法

鼓动提示法是指销售人员建议客户立即采取购买行动的方法。例如，"这期不买，马上就涨价了""我们是限量销售的"等。

3. 积极提示法

积极提示法是指销售人员利用积极的语言或其他积极方式劝说客户购买所销售产品的方法。所谓积极的语言与积极的方式可以理解为肯定、正面的提示、热情的语言、赞美的语言等会产生正向效应的语言。

4. 联想提示法

联想提示法是指销售人员通过向客户提示或描述与销售有关的情景，使客户产生某种联想，刺激客户购买欲望的方法。联想提示法要求销售人员善于运用语言的艺术去表达、描绘，避免刻板、教条的语言，也不能采用过分夸张、华丽的辞藻。这样，提示的语言方能打动客户，感染客户，让客户觉得贴切可信。

（二）演示法

演示法是指销售人员用非语言形式，通过展示、音响等方式劝说促使客户购买销售产品的介绍方法。方法概括来说包括产品演示法、文字图片演示法和音响影视演示法。

二、介绍产品的六个技巧

在产品介绍过程中，销售人员也要善于利用一些技巧，来推动客户的购买。现在我们介绍几种比较常用的技巧：

（一）对比技巧

成功的销售人员常常拿客户熟悉的产品与自己销售的产品进行对比，来说明自家产品的优点。

（二）数字化技巧

数字化技巧是非常重要的一个方法。销售人员如果善于将产品利益数字化，或是特别强调数字（利益），将会使产品说明更清楚，更具说服力。在使用数字化技巧时，主要有以下几种方法：

1. 费用极小化，使用"一次节省多少钱"的方式，让客户有经济、划算的感觉。

2. 利益极大化，使用"十年下来节省多少钱"的方式，让客户感觉有很大的好处。

（三）比拟描绘技巧

比拟描绘技巧是将给客户带来的利益描绘成可以让客户做什么，借此激发客户去完成梦想。使用比拟描绘法要注意的是，如果让客户牺牲自己的喜好来换取产品，将会适得其反。所以，销售人员要事先了解客户有哪些兴趣、需求（这很重要），再加以应用，才可以让客户产生认同感。

（四）讲故事技巧

在产品介绍中往往涉及一些枯燥的话题，可以说是人人都不爱听的。如何讲解给客户听呢？销售人员不如换一种角度，讲一些客户们爱听的小故事，这样效果会更佳。例如，高尔夫名人的趣闻，其他会员的趣事等。

好的故事都有一个好的寓意。客户在听你讲故事的同时，自然而然就会明白其中的道理，这样他也就完成了自我说服的过程。

（五）抓住购买的关键点

每一个客户都有一个购买关键点，也就是客户感到最为要紧的事情，也许产品的优点有 10 项，可能只有 1 项对他来讲是最重要的，抓住这一点就够了。也就是说，销售人员在进行产品介绍时，还要重点强调销售品能带给客户的好处和利益，这样就会促使客户做出购买决定。例如，对于有商务接待的客户，对经常去外地出差的客户都有他们购买的关键点。

三、理解产品介绍中的五个"不"

（一）不要攻击竞争对手的产品

攻击竞争对手产品的做法会让客户产生逆反心理，例如，"那家俱乐部的服务很差，您买他们的会籍可要当心……"。他会认为销售人员心虚、不可信赖或者品德有问题。正确的做法是当客户询问竞争对手的有关信息时，销售人员不仅要坦诚地告诉自己所了解到的真实信息，而且还要表达对自己产品的信心。评论竞争对手最好的方法就是尽快从竞争对手的弱点转到自己的优势上来，以免对自己的俱乐部产生负面影响。

（二）尽量避免使用专业性术语

销售人员如果把客户当作同事来对待，满口都是专业性术语，让人怎么能接受？既然听不懂，还谈何购买呢？所以，最好能把这些术语转换为简单、易懂的语言，让人听明白，产品介绍才能达到预期的效果。

（三）杜绝敏感性话题

对于一些与销售产品无关的话题，特别是一些政治、宗教、个人隐私等涉及主观的敏感性话题，销售人员最好不要参与讨论。处理不当的话，容易引起客户不快和其他不必要的麻烦。

（四）不批评客户的观点

人人都希望得到对方的肯定，人人都喜欢听好话。不然，怎么会有"赞美与鼓励让白痴变天才，批评与抱怨让天才变白痴"这句话呢？所以，销售人员在进行产品介绍时，应多说赞美的话语。但同时，也要注意适度赞美，否则，容易给客户留下虚伪造作、不够真诚的印象。

（五）办不到的事情不要随便承诺

销售人员首先要做的就是灵活变通，力所能及地为客户解决问题。当客户提出的要求超出自己的权限或能力时，销售人员最好不要随便承诺，否则会适得其反。

【实训练习】

实训项目

王蕴在详细了解了客户需求后，开始着力进行产品介绍。请你根据所学内容为王蕴设计产品介绍方案。

实训目标

1. 培养学生运用正确的方法进行产品介绍的能力；

2. 使学生能够在产品介绍过程中，运用一定的技巧，来达到销售目的。

实施过程

1. 将全班学生分为 3~5 个学习小组，在每个组内进行角色分工：销售人员和客户，然后进行角色演练，说服客户购买；

2. 老师对学生演练进行现场指导，并组织学生进行小组总结；

3. 抽签选择学习小组在全班进行演练，并由学生提问、答疑、点评，由老师作总结；

4. 每个小组制定产品介绍方案、并把演练心得制作 WORD 文档，并用演示 PPT 来分享活动成果。

实训考核

1. 产品介绍的能力（30%）；

2. 项目工作完成的合理性、逻辑性、创新性（30%）；
3. 团队成员表演、讨论、发言的参与度（20%）；
4. 团队成员的协作性（20%）。

【作业与思考】

1. 请总结介绍产品的方法有哪些？
2. 请说出介绍产品有哪些技巧，并举例解释说明。
3. 产品介绍过程中有哪些注意事项？

任务五　处理客户异议

对于客户的拒绝，销售人员应有心理准备，把客户的拒绝看作是再正常不过的事情。在实际销售过程中，销售人员经常会遇到各种异议。许多销售人员会认为应对异议是一件很困难的事情。其实，异议不仅仅是销售工作中的一个障碍，同时也是一个积极的因素。作为专业的销售人员，一定要有这样的心态：异议是销售的真正开始，也是销售员价值的体现。销售人员在此任务实施中的主要任务是了解客户异议的类型和成因，掌握处理客户异议的策略和方法。

一、了解客户异议的类型及成因

（一）客户异议的类型

客户异议往往是客户保护自己的行为，其本质不具有攻击性，但它的后果不仅可能影响一次销售活动的成败，还可能形成舆论压力，造成对销售活动在更长时间、更大空间上的不利影响。要消除异议的负面影响，首先要识别和区分客户异议的类型，然后采取相应的办法予以处理。

1. 根据客户异议的性质分类

根据客户异议的性质，可以划分为真实异议和虚假异议。对于客户的真实异议（客户的真实意见和不同的看法），销售人员必须做出积极的响应，认真对待、正确理解、详细分析客户不同异议的原因，从根本上消除异议，有效促进客户的购买行为。对于虚假异议（客户用来拒绝而故意编造的各种反对意见和看法），销售人员可以采取不理睬或一带而过的方法进行处理。

2. 根据客户异议的内容分类

根据客户异议的内容，可以分为产品异议（对产品权益等的异议）、价格异议（认为价格过高或过低）、服务异议（服务项目、态度、质量、设施等的异议）。

3. 根据客户自身的条件分类

根据客户自身的条件可以将客户异议分为需要异议（认为自身不需要）、财力异议（认为缺乏支付能力）、权力异议（认为缺乏购买决策权）和利益异议（担心能否为自己带来预期的利益）等。

（二）客户异议的成因

为了更科学的预测、控制和处理各种客户异议，销售人员应该了解产生客户异议的主要原因。归纳起来主要有以下四个方面：

1. 来自客户方面的原因

来自客户方面的原因主要表现为：客户的性格；客户的球技水平；客户的情绪不好，心情欠佳；客户的决策权有限；客户的购买经验与成见。

2. 来自会籍产品方面的原因

会籍产品方面的原因大致可归纳为以下几方面：会籍的价格、权益及会员服务。

3. 来自销售人员方面的原因

客户的异议可能是由于销售人员素质低、能力差造成的。

4. 来自企业方面的原因

客户的异议有时还会来源于俱乐部。例如，俱乐部经营管理水平低，服务质量不好，不守信用，俱乐部知名度不高等。这些都会影响到客户的购买行为。

二、掌握处理客户异议的原则和方法

(一) 处理客户异议的原则

销售人员在处理客户异议的时候，为了使客户异议能够最大程度消除或者转化，应树立以客户为中心的营销观念，并遵循以下原则：

1. 尊重客户异议原则

当客户异议发生时，一方面应当学会倾听并从客户的立场出发考虑客户异议产生的原因，以帮助销售人员发现和分析工作中存在的不足和改进的空间，同时也给销售工作提供开展线索和努力方向；另一方面，能否尊重客户也是销售人员是否具有良好修养的一个体现。

2. 客观对待原则

客户既然提出异议，一定有他的理由。所以，对持有异议的客户，要尊重、理解、体谅，并找出异议的真正原因，然后帮助、说服客户。

3. 尊重客户原则

销售洽谈的过程是一个人际交流的过程，销售人员与客户保持融洽的关系是一个永恒的原则。在销售洽谈过程中，销售人员应避免与客户争论，更不允许争吵。满足受尊重的需要是客户愿意接受销售的心理基础，很难想象感情和自尊受到伤害的客户还有兴致购买产品。

4. 选择恰当时机处理异议的原则

一名优秀的会籍销售员所遇到的客户严重反对的机会比其他人的要少

得多，原因就在于优秀销售员往往能选择恰当的时机对客户的异议提供满意的答复。

(二) 处理客户异议的方法

由于客户异议发生的时间、地点、环境条件各不相同，因此，处理客户异议的方法也应该是多种多样的，最常用的处理客户异议的方法有以下几种：

1. 抵消处理法

抵消处理法又称平衡处理法，是指销售人员坦率地承认客户异议所指出的问题是的确存在的问题，并指出客户可以从销售品及其购买条件中得到其他的好处，使异议所提问题造成的损失得到充分补偿，从而使客户得到心理平衡，增强购买信心。

销售人员在运用这种方法时应当注意：使用此法的前提是客户得到补偿的利益要大于异议涉及问题所造成的损失，否则得不偿失的结果反而会动摇客户的购买决心；销售人员承认与肯定的客户异议必须是真实而有效的，并对已经承认的客户异议，及时提出销售品及其成交条件的有关优点和利益给予补偿。

【小案例 2-15】

抵消处理法处理客户异议

某高尔夫俱乐部的会籍销售顾问小王和一位来场打球的黑龙江客户接触了几次，对方迟迟没有购买意向，小王问这位客户为什么不考虑买卡？客户说，我居住在黑龙江，距离俱乐部比较远，利用率不高，一年来不了几次，还收固定的年费，觉得不划算，小王向经理申请，免掉年费，客人非常高兴，不久就买了卡。

---

2. 询问法

询问法又称问题引导法，是指销售人员利用客户提出的异议，直接以询问的方式向客户提出问题，引导客户在回答问题过程中不知不觉地回答了自己提出的异议，甚至否定自己，同意销售人员观点的处理方法。

运用询问法来处理客户异议，能使销售人员掌握更多的客户信息，为进一步销售创造条件；带有请教意义的询问会让客户感到被尊重或被重视，从而愿意配合销售人员的工作，使销售保持良好的气氛与人际关系；另外，询问法还使销售人员从被动听客户申诉变为主动提出问题与客户共同探讨。

在上述的案例中，销售人员对待客户异议，没有马上讲事实、摆道理，而是向客户提出问题，引导客户自己否定自己，最终达成交易。这种方法在实际销售过程中常常被销售人员采用，并能取得成效。

【小案例2-16】

利用询问法引导客户

客户："你们的龙山至尊会员卡，我居住在长春，不够使用，现在我还不想买。"

销售专员："先生，请问您一周打几次？"

销售专员："一周一次，一个月四次，北方俱乐部一年营业几个月？"

客户："一次，八个月左右。"

销售专员："那么最多能打多少次呢？30次够不够？"

客户："这么一算就够了。"

3. 沉默处理法

沉默处理法又称不理睬法，是指销售人员有意不理睬客户提出的异议，以分散客户注意力，回避矛盾的处理方法。例如，客户说："你们俱乐部的客房不够高档。"销售人员随声附和一语带过，接着转入正题说："是的，我们俱乐部的客房不够高档，但是离市区的五星级大酒店只有10分钟的车程，很方便的。"在销售活动中，有些客户异议是无效的、无关的，甚至是虚假的，销售人员完全可以不予理会。

从该案例中，我们可以知道采用不理睬法处理客户异议，回避它、忽视它，将顾客的注意力转移到其他问题上来。销售专员要学会避免在一些无关、无效的异议上浪费时间和精力，也常避免发生节外生枝的争论，从而节省时间，提高工作效率。

但是，此做法可能会使客户觉得自己的异议没有得到应有的重视而产生不满。销售专员使用这种方法时，即使客户述说的是无效或虚假的异议，销售专员也要耐心聆听，态度要温和谦恭，让客户感觉受到尊重；在不理睬客户的某一异议时，销售专员需快速找到应该理睬的问题，避免客户感到受冷落；有时为了沟通感情，也可以花费一点时间回答客户一些无关紧要的问题。

4. 反驳处理法

反驳处理法又称直接否定法，是销售专员根据比较明显的事实与充分的理由直接否定客户异议的方法。销售专员采用这种方法给客户直接、明确、不容置疑的否定回答，迅速、有效地输出与客户异议相悖的信息，以加大说服的力度和反馈的速度，从而达到缩短销售时间、提高销售效率的目的。直接否定法适用于处理由于客户的误解、成见、信息不足等而导致的有明显错误、漏洞、自相矛盾的异议，不适合于处理因个性、情感因素引起的客户异议。

【小案例2-17】

反驳处理法

某高尔夫俱乐部的一位客人对销售员小孙说，你们的龙山至皇卡13.8万，价格太高了，小孙说，先生您大概对周边市场不熟悉，我们俱乐部的价格跟周边相比，长春××高尔夫俱乐部是48万，沈阳××高尔夫俱乐部是38万，我们俱乐部的价格是最低的。

在这个案例里，销售专员有效地使用直接否定法否定了客户所提出的异议，显示了销售专员拥有良好的专业知识。采用这种方法，要注意沟通方法的选择。采用比较和善的语气和进行简单的铺垫，在反驳客户的时候要站在客户的立场，摆事实、讲道理，让客户消除疑虑，而不是靠强词夺理压服客户。在说理的过程中，要特别注意给客户提供更多的信息。销售专员的言词要坚定，态度要诚恳真挚、平易近人、尊重客户。销售专员反驳异议，是对事不对人，给客户留下台阶和回旋的余地。销售专员应考虑到客户的个性和与客户的熟悉程度，对不熟悉和个性敏感的客户应尽量避免采用这种方法。

5. 转折处理法

转折处理法又称间接否定法，是销售人员根据有关事实和理由间接否定客户异议的方法。采用这种方法时，销售人员首先要承认客户异议的合理成分，然后用"但是""不过""然而"等转折词将话锋一转，对客户异议予以婉转否定。这种方法适用于客户因为有效信息不足而产生的片面经验、成见、主观意见，而且能自圆其说的情况。

【小案例2-18】

转折处理法

客户："你家球童的服务不行，不会找球，不会看线。"

销售专员回答："先生您说的情况的确存在，我们俱乐部球童服务的确存在着参差不齐的现象。因为我们生意太好，球童不够用，临时招上来，经验比较缺乏，但是软件服务是很好改善的，找个好的球童培训师，球童服务能力就可以提高，硬件是不好提高的，我们俱乐部的硬件条件是很好的如俱乐部品质等。"

在销售实践中，间接否定法较直接否定法使用得更为广泛。这种方法不是直截了当地否定客户异议，而是先退后进，语气比较委婉，一般不会冒犯客户，容易被客户接受，能够缩短销售人员与客户的心理距离，使客户感觉被尊重、被承认、被理解，委婉而富有人情味，有利于保持良好的销售气氛和人际关系。

销售人员运用间接否定法的关键在于不露声色地转移话题。如果销售人员用词不当，一样会让客户感觉被否定而产生不满。销售人员应选用否定色彩不强的转换词，尽量做到转换自然、语气委婉，例如，将"但是"改为"可是"。另外，采用这种方法要注意销售的重点，承认客户异议有一定道理，是为了保全客户面子，缩短双方的心理距离，从而达到消除客户异议的目的，因而要淡化对客户的"退让"，突出"但是"之后的销售劝说，使客户改变原有看法而接受销售人员的建议。

6. 利用处理法

利用处理法又称转化法，是销售专员直接利用客户的反对意见来化解客户异议。这种方法是"以子之矛，攻子之盾"，销售人员可以改变客户异议的性质和作用，把客户拒绝购买的理由转化为说服客户购买的理由，把客户异议转化为销售提示，把成交的障碍转化为成交动力，有针对性地转变客户在最关键问题上的看法，使之不再提出新异议。销售人员直接承认、肯定客户意见，在此基础上转化客户异议，有助于保持良好的人际关系和洽谈气氛。

【小案例 2-19】

利用处理法

客户提出："你们的商务卡怎么又涨价了。"销售专员回答您说得对，这些卡的价格又涨了。不过一个月后它的价格还会继续上涨，现在不买，过一段时间价格有可能会更高，因为我们的这种卡就剩下有限的几张了。

在这个例子中销售专员就是利用产品涨价这个问题，向客户解释涨价的原因，并引导客户及时做出购买决定。

7. 预防处理法

预防处理法是指销售人员在销售拜访中,确信客户会提出某种异议,就在客户尚未提出异议时,自己先把问题说出来,继而适当地解释说明,予以回答。例如,销售人员希望客户在 15 天内付款,"先生,您应该看出我们俱乐部的品质是可靠的,价格也比较合理,权益范围也很宽泛。您也知道,在以上保障的基础上,同时采用高尔夫行业的一般做法,要求客户在规定期限内付款,这样才能够保证我们资金的回流速度,从而把更多的实惠留给客户。所以,虽然我们的付款要求比较严格,事实上也是保证了客户的利益。"

由此可见,预防处理法的最大优势是先发制人,有效阻止客户异议。但采用这种方法,销售人员需要在销售活动的各个阶段将客户有可能提出的各种异议列出来,并详细准备好处理方法,在销售中视具体情况,灵活组合运用。

8. 定制处理法

定制处理法是指销售人员按照客户异议的具体要求重新为客户提供符合要求的产品,从而进行客户异议处理。在具体运用定制处理法来处理客户异议时,销售人员应掌握足够的信息,如客户异议的详细内容、客户的真正需求等,然后确定能够为用户提供的定制内容,确保为客户承诺的事情能够最终落实。销售人员应讲究职业道德,讲究信用,在与客户签订相关合同之后或是以其他形式做出承诺后,必须要履行诺言。例如:一已移民国外的客户每年来俱乐部次数有限,不希望有年费;孩子不足 18 周岁,但一直学习高尔夫,想走职业发展的道路,可为他定制会员卡,满足他的需要。

处理客户异议的方法还有很多种,如使用证据法、举证劝诱法、有效类比法、旁敲侧击法等。销售人员应注意在实践中根据具体情况灵活运用,并创造出行之有效的新方法,以争取创造良好的销售业绩。

【实训练习】

实训项目

王蕴在和客户沟通的过程中,遇到了客户的拒绝,客户提出了很多异议,假如你是王蕴,面对客户异议,你该如何应对呢?会用到哪些方法和策略呢?现在就让我们通过角色扮演、场景演练等方法来进行训练。

实训目标

1. 培养学生处理客户异议的能力;
2. 使学生能够区分客户异议的类型;
3. 培养学生分析客户异议产生原因的能力;
4. 使学生能够合理运用处理客户异议的各种方法。

实施过程

1. 将全班学生分为3~5个学习小组,以小组为单位进行讨论,设计处理客户异议的情景剧;
2. 各学习小组根据自行设计的情景剧进行分角色演练;
3. 选取小组在课堂上进行展示,并对其他团队的成员的提问进行回答;
4. 各学习小组根据活动内容,作出总结。

实训考核

1. 客户异议选择、处理客户异议方法的合理性、逻辑性、科学性(30%);
2. 团队成员讨论、演练、答辩的参与度和效果(40%);
3. 团队成员的协作性(30%)。

【作业与思考】

1. 客户产生异议的原因有哪些?
2. 客户异议的类型有哪些?
3. 处理客户异议应遵循哪些原则?
4. 处理客户异议的策略有哪些?

任务六　促成交易

成交即达成交易，是指销售人员帮助客户做出使买卖双方都能接受的交易条件的活动过程。一方面，从销售过程来讲，成交是销售洽谈的延续。如果洽谈工作进行得顺利，产品介绍、客户异议等环节都得到妥善处理，达成交易就是顺其自然的事情了。另一方面，成交是销售工作重要的一个环节，也是有技巧的。如果销售人员掌握并正确运用成交技巧，与客户达成交易的可能性将大大增加。销售人员在此任务实施中的主要任务是要及时捕捉成交的信号，运用策略和适当的方法促成交易。

一、捕捉成交信号

一个人表达自己的全部意思=7%的措词+38%的语音语调+55%的动作、表情。

成交信号是指客户在语言、表情、行为等方面所表露出来打算购买销售品的一切暗示或提示。在实际销售工作中，客户为了保证实现自己所提出的交易条件，取得交易谈判的主动权，一般不会首先提出成交，更不愿主动、明确地提出成交。但是客户的购买意向总会通过各种方式表现出来。对于销售人员而言，必须善于观察客户的言行，捕捉各种信号，及时促成交易。例如，客户询问如果当天成交，俱乐部有何种优惠待遇。

（一）表情信号

表情信号是从客户的面部表情和体态中所表现出来的一种成交信号，如在洽谈中面带微笑、下意识地点头表示同意你的意见、对产品不足表现出包容和理解的神情、对产品表示兴趣和关注等。

（二）语言信号

客户通过询问会籍权益、价格、服务、支付方式、竞争对手的产品，说出"喜欢"和"的确有这个需要"等表露出来的成交信号。以下几种情况都属于成交的语言信号：

1. 客户对俱乐部给予一定的肯定或称赞。
2. 征求别人的意见或者看法。
3. 询问付款条件。
4. 详细了解产品的具体情况，包括会籍权益、价格等。

语言信号种类很多，销售人员必须具体情况具体分析，准确捕捉语言信号，顺利促成交易。例如，客户提的疑问很多，经过销售人员的讲解后，基本都能接受，转而谈及价格问题。

（三）行为信号

由于人的行为习惯，经常会有意无意地从动作行为上透漏一些对成交比较有价值的信息，当有以下信号发生的时候，销售人员要立即抓住良机，勇敢、果断地去试探、引导客户签合同。

1. 反复阅读销售手册。
2. 认真观看有关的视听资料，并点头称是。
3. 查看、询问合同条款。
4. 突然沉默或沉思，眼神和表情变得严肃，或表示好感，或笑容满面。

正因为通过客户的行为可以发现许多客户发出的成交信号，因此作为一位销售人员应尽力使客户成为一位参与者，而不是一位旁观者。在这种情况下，通过细心观察，销售人员很容易发现成交信号。

二、选择促成交易的方法

成交方法是指销售人员用来促成客户做出购买决定，最终促使客户采取购买行动的方法和技巧。它是成交活动的规律与经验的总结，常用的成交方法主要有以下几种：

（一）请求成交法

请求成交法又称直接成交法，是指销售人员用明确的语言向准客户直接提出购买的建议。

针对某些理智型客户，直接请求成交法也许是最有效的方法。请求成交法主要适合于老客户、已发出购买信号的客户、解除了重大障碍的客户。

销售人员尽力解决了客户的问题和要求后的时刻，是客户感到较为满意的时刻，销售人员可趁机采用请求成交法，促成交易。

当然请求成交法也存在缺陷。若销售人员不能把握恰当的成交机会，盲目要求成交很容易给客户造成压力，从而产生一种抵制情绪，破坏原有的友好成交气氛。此外，若销售人员急于成交，就会使客户以为销售人员有求于自己，从而使销售人员丧失成交的主动权，使客户获得心理上的优势。还有可能使客户对先前达成的条件产生怀疑，从而增加成交的困难，降低成交的效率。

（二）假定成交法

假定成交法是指在尚未确定成交，对方仍持有疑问时，销售人员就假定客户已接受销售建议而直接要求其购买的成交方法。

假定成交法的优点是节省销售时间，效率高。它可以将销售提示转化为购买提示，适当减轻客户的成交压力，促成交易。例如，客人当天下场打球了，销售人员感到完成这笔交易的时机已经成熟，这时销售人员就可以进一步解决这个问题，推动客户真正的购买行为。销售人员可以这样对他说："杨先生，既然您有购买的意愿，今天买卡就可以享受会员待遇了。"

（三）选择成交法

选择成交法是指销售人员提供两种或两种以上的成交方案让客户来选择的成交方法。对于那些不喜欢做决定的客户，运用此方法最恰当。客户不能在买与不买之间选择，而只是在产品不同的权益、优惠条件、付款日期等方面做出选择，使客户无论做出何种选择，最终的结果都是成交。

采用选择成交法，可以避免客户感到难以下决心是否购买的问题，同时使客户掌握一定的主动权，即选择权，从而比较容易作决定，但真正的成交主动权仍在销售人员手中，因为客户选来选去，无论选择哪一个都是成交。而且，当销售人员直接将具体购买方案摆到客户面前时，客户会感到难以拒绝，从而有利于促成交易。但是，有时采用选择成交法会让客户感到无所适从，从而丧失购买信心，增加新的成交心理障碍；有时也会让客户感到压力较大，从而产生抵触情绪，并拒绝购买。

（四）总结利益成交法

总结利益成交法是指销售人员将客户关注的产品的主要特色、优点和利益，在成交中以一种积极的方式来成功地加以概括总结，以得到客户的认同并最终获取订单的成交方法。

总结利益成交法能够使客户全面了解产品的优点，从而激发客户的购买兴趣，最大限度地吸引客户的注意力，使客户在明确自己既得利益的基础上迅速做出决策。例如：也就是说我们的会籍权益，打球次数多，价格低，赠客房，诸多的优惠。

（五）从众成交法

从众成交法是销售人员利用人们的从众心理来促成准客户购买销售品的成交方法。

由于产品已取得一些客户的认同，销售人员的说辞就更加有说服力，有利于消除客户的怀疑，增强购买信心。例如，一位会籍销售人员得知客户的几位朋友都购买了本俱乐部的会籍，您也会有这方面的需要，有必要购买。

（六）小点成交法

小点成交法又称为局部成交法，是销售人员利用局部成交来促成整体成交的方法。小点是指次要的、较小的成交问题。

购买者对重大的购买决策往往心理压力较大，较为慎重，难以决断，特别是金额较大的产品。为了减轻客户对待成交的心理压力，帮助客户尽快下定决心，销售人员可以采取化整为零的方法，将整体性的全部决定变为分散性的逐个决定，先争得对方部分同意，让客户逐个拿定主意，最后再综合整体，以促成购买决策的达成。例如，先介绍价格较高的法人会籍，客户无此意向，可推荐价格较低的商务会籍。

小点成交法的优点是在客户犹豫不决时不直接提出成交，减轻客户成交的心理压力并通过试探性的提问，逐步消除客户心中的疑惑，从而达成交易。

（七）最后机会成交法

最后机会成交法是指销售人员直接向客户提示最后成交机会而促使客户立即购买的一种成交方法。越是得不到、买不到的东西，人们就越想得到它、买到它。这一成交方法向客户提供"机不可失，时不再来"的机会，给客户施加一定的成交压力，使客户感到应该珍惜时机，尽快采取购买行为。

（八）优惠成交法

优惠成交法是销售人员通过提供优惠的交易条件来促成交易的方法。它利用了客户在购买产品时，希望获得更大利益的心理，实行让利销售，促成交易。如给予客户免年费、购买会籍当天免费打球、购买会籍打折等优惠。

（九）体验成交法

体验成交法是销售人员为了让客户加深对产品的了解，增强客户对产品的信心而采取体验的一种成交方法。体验成交法能给客户留下非常深刻的直观印象。例如，邀请客户来俱乐部打球，亲身体验俱乐部的品质和服务。

（十）保证成交法

保证成交法是指销售人员通过向客户提供某种保证来促成交易的成交方法。保证成交法即销售人员针对客户的主要购买动机，向客户提供一定的成交保证，消除客户的成交心理障碍，降低客户的购物风险，从而增强客户的成交信心，促使尽快成交。例如，客户担心购买会籍后，转让不出去，俱乐部担保三年后可无条件退会等。

保证成交法通过提供保证使客户没有后顾之忧，增强购买信心，从而放心购买产品。另外，该方法在说服客户、处理客户异议方面也有不同寻常的效果。双方达成合作意向或成交后，销售人员也不可大意，而应注意以下事项，否则有可能会前功尽弃。

1. 不要露出得意忘形的表情

达成一笔交易，销售员的内心自然十分高兴，但如果兴奋之情溢于外表，很可能会招致客户猜疑自己是否吃亏上当。正确的做法是，要让客户感到购买产品是一项明智之举，销售方在某种程度上还是吃了一点亏。

2. 祝贺合作成功

达成交易，对买卖双方来说，都是一件可喜可贺的事情。销售员应主动向客户表示道谢但不可过分谄媚，否则会增加客户"上当"的感觉。要知道，客户购买产品，是因为产品对他有利，满足了他的需求，你也不亏欠他什么。

3. 伺机告辞

客户在合同上签了字，意味着销售任务已经完成。此时，销售员不可匆忙离开，如果墨迹未干销售员就匆匆离去，会给客户留下一种快速逃跑的印象，有反悔的危险。当然，也不能走向另一个极端，认为任务已经完成，这下可以放松了，同客户闲扯没完，或许客户又会突然想到某一点不妥，于是销售又回到了起点。恰当的做法是，成交后向客户诚恳地致谢，巧妙地祝贺客户做了一笔好生意，然后指导客户正确使用产品的一些细节，之后就可以告辞了。

4. 信守诺言

言而无信、过河拆桥可谓是最愚蠢的销售员，承诺的事情一定要做到，这才是销售员专业的做法。

【实训练习】

实训项目

王蕴通过一系列的努力，已进入销售后期阶段。王蕴试图通过客户的行为、语言、表情等多种外在表现来分析识别客户的购买信号。请你为王蕴总结一下常用的促成交易的方法，并选择某一会籍产品，进行最后的成交演练。

实训目标

1. 培养学生促成交易的能力；

2. 培养学生及时捕捉客户购买信号的能力；

3. 使学生能够合理运用达成交易的各种方法来促成交易。

实施过程

1. 将全班学生分为 3~5 个学习小组，以小组为单位进行讨论、设计促成交易的情景剧；

2. 选取小组在课堂上进行展示，并对其他团队的成员的提问进行回答；

3. 各学习小组根据活动的内容，做出总结。

实训考核

1. 促成交易的方法的合理性、逻辑性、科学性（30%）；

2. 团队成员讨论、演练、答辩的参与度和效果（40%）；

3. 团队成员的协作性（30%）。

【作业与思考】

1. 销售活动中，销售员应掌握哪些成交策略？

2. 何谓购买信号？成交中的购买信号有哪些表现形式？

3. 结合实例说说销售活动中有哪些成交的方法和技巧？

模块三　高尔夫俱乐部产品服务组织与管理

项目　客户服务

【项目情景】

由于负责客服工作的只有客服经理王铮和客服专员周彤，毫无疑问，周彤的工作内容包含了客服、预订和会籍管理的全部业务。经过近一个月的努力，勤学好问的周彤在王经理的帮助下，熟悉了接受客户预订，接待客户、组织会员活动、处理客户投诉等工作。好强的周彤明白这些工作都颇具挑战性，感到压力的同时，又有一种跃跃欲试的冲动，她想让自己尽快成长起来，能够在工作中独挡一面。

讨论与交流

1. 作为一名客户服务专员，应如何为客户进行预约服务？
2. 在接待客户前应做好哪些准备工作？对已预约和没有预约的客户在接待上有哪些不同？
3. 组织会员活动都包括哪些内容？
4. 面对客户投诉，处理的方法和技巧包括哪些？

【学习目标】

技能目标
1. 初步具备订场服务能力；
2. 初步具备客户接待能力；
3. 初步具备组织会员活动的能力；
4. 初步具备处理客户投诉的能力。

知识目标
1. 熟悉订场服务；
2. 掌握客户接待的方法、技巧；
3. 学习组织会员活动；
4. 掌握处理客户投诉的方法技巧。

素养目标
1. 培养学生团队合作的意识；
2. 培养学生吃苦耐劳的精神；
3. 培养学生热情、坦率、谦虚、礼貌等品质。

【任务分解】

任务一　订场服务
任务二　会员接待
任务三　组织会员活动
任务四　处理客户投诉

任务一　订场服务

　　一般情况下，客户服务的对象包含三种类型：会员、嘉宾和访客（散客）。
　　会员的定义：凡购买高尔夫俱乐部会籍，即可成为该俱乐部的会员，享有俱乐部约定的会员权益。
　　会员分类：在会籍管理工作中，通常情况下，客人购买了何种会籍，就会被归类为相应种类的会员。除此之外，还有其他的分类方式，如：按会籍使用期限：可分为终身会员和短期会员。按会籍购买者主体：可分为个人会员和法人会员（也称公司会员）。按会籍使用主体：可分为记名会员和不记名会员等等。
　　嘉宾定义：会员打球时，可携带1~3名不具有俱乐部会员资格的客人作为嘉宾，享有俱乐部约定的嘉宾待遇。
　　访客定义：访客是高尔夫消费者的一种身份称谓，一般情况下，来俱乐部打球的人员中，除会员、嘉宾身份外，其余的都是访客身份。
　　预定服务
　　预订是俱乐部营运管理的第一步，其目的是在保证俱乐部运营顺畅的前提下，尽可能地保证客户按所需求的时间开球。这样既方便俱乐部的运营管理，又缩短客户的等待时间。一个俱乐部的预订工作在一定程度上影响到俱乐部的整体管理服务工作，俱乐部预定比例越大，俱乐部管理工作就越顺利，尤其是在俱乐部需求旺季，预订具有更为重要的意义。对俱乐部来说，预订便于提前做好相关的接待准备工作：如球童的服务、球道的使用、电瓶车的使用安排等。

高尔夫俱乐部为了保证俱乐部经营管理的顺利，维护会员的利益，必须制定相关的预订政策，包括预订规程、预订变更和预订取消规定等，并严格遵照执行。

一、预订程序

预订是会员、嘉宾及其他访客到场消费的开始，为了保证俱乐部的正常运行，必须建立完整具体的预订程序。

1. 预订准备

客服人员（也可以是预订员）首先要熟练地了解和掌握俱乐部的各种设施、各项服务及其价格，各部门的基本情况等有关俱乐部产品的信息；其次，按照服务操作规程做好服务准备，使电脑处于正常工作状态，检查和核实电脑中预订登记的资料以备使用。

图 2-3

2. 身份核对

确定预约者是否是会员，如果是会员则礼貌询问对方姓名、会员证号码,并将其姓名输入电脑核对。如不是会员,应礼貌地询问对方的具体身份(如:是否是嘉宾身份、是否使用储值卡、代金券、优惠券等)。同时,确认好预约的时间、人数、姓名、联系方式等,然后逐一录入系统;当会员的身份无法核实时,应礼貌告知对方,根据本俱乐部的规定,只有经过核实身份的会员本人才可以按会员预约接待,根据电脑显示的资料,只能暂时按访客身份预约,如最终能确定会员身份,会再按会员身份调整。

3. 预约开球时间 (tee time)

确认预约者的身份(会员、嘉宾、访客)后,应询问对方希望的发球时间段(日期和大致时间)、球场,并通过电脑查询该时段及球场是否被预订。如该时段及球场均空闲,预订确定。如该时间段或球场已被占用,则应礼貌告知对方,并提供与其相近的可预约的时段及球场供预约者选择。

在确定发球时间后,预约员应询问预约者的打球人数(每一组发球时间的预约人数不能超过 4 人),要求会员与嘉宾的比例符合俱乐部规定。将嘉宾与会员本人的资料一起登记在电脑的预约栏目内,并将电脑显示出的资料复述给会员核对,确保预约的信息无误。

通常情况下,周末、假日俱乐部打球的人数较多,为了保持球场整体的运行速度和顺畅,规定一组人数不能少于 3 人。当任何一组打球人数不足 3 人时,客服专员应立即提醒预约者,也许会有其他球手加入这一组。并婉转地解释,因球场人多,即使两个人打球,速度也不会快。

如当日预约已满,或没有可以满足需要的时段,预约员应向预约者表达歉意。如预约者是会员,则在道歉的同时记录会员的相关资料,包括会员姓名、打球人数、希望打球的时段、是否愿意和其他球手一起使用同一时段打球等,以便一旦出现临时取消的预约时,则可尽快联系该会员。

在预约结束前,预约员应向预约者复述预约内容,并提醒预约者于预订开球时间前 30 分钟到俱乐部办理登记。如果会员在预订的开球时间前未到场,则视为其取消预约,俱乐部有权自行分配该时段。

二、预订的更改与取消

一般来说，根据俱乐部的规定，预约者可以在预约打球之日前的一定时间内，更改预约时段的预约人数、开球时间等。客服专员在确认预约者身份后，根据预约者的要求和电脑的提示，为其更改预约的时段或取消预订。在结束更改服务之前，预约员应向预约者复述更改的内容，并提醒预约者根据新确认的时段提前到场办理手续。任何变更或取消，都应有记录存档，以便查询。

此外，客户预订好时间却不能赴约的现象时有发生，这是预订管理中的一个大的挑战。一些客流量较大的俱乐部，为了控制这种情况的出现，采取了各种相应措施：如规定最晚取消预约的时限，对于违反此规定者，其详细信息将被记录在案，当其下次预约时，拒绝服务或让其提前缴纳保障金；也有部分俱乐部同订场机构进行合作，在接受订场机构的预定时，预定机构需要提前支付保障金，对于取消预约的行为，进行扣罚。

客服专员应提前与预约客人联系，确认客人是否能按预约时间到场打球，及时掌握预约的变动状况，对于会员在超过俱乐部规定的时限范围内要求取消预约时，客服专员应礼貌提醒会员建议如不能正常到来，请提前电话取消预约，并将俱乐部相关规定告知该会员。同时预约员应立即查看当天的等待名单，并联络该名单上的客户，为其办理预约手续。

预订更改或取消的条件。除预约者本人外，预约者的同伴在完全满足下列条件时，可以代替预约者更改预约：能正确提供预约者的姓名、预约的时段（球场）、同伴者姓名、人数等资料；如果预约者是会员，能正确提供本人姓名，预约者的会员证号码或其他身份证明文件；根据预约会员亲笔签名的传真，为其更改预约。

三、预约查询

客户服务专员可以应预约会员本人、嘉宾或访客的要求，为其查询预约情况。首先要确认查询者的身份，一般情况下，为保护会员的隐私权，客服专员不应向不在预约组中的客户透露预约情况，除非该客户提供的资料与该预约组记录的情况相同。换言之，对于类似的查询，客服专员只能证实（即回答"是"与"不是"），而不提供别的情况。在结束查询服务之前，客服专员应再次提醒预约者提前到场办理手续。

四、超额预订

超额预订就是在预订容量已满的情况下，再适当增加预订数量，使预订数超过实际可预订的数量。客户打球一般要先预订，可是由于事先预订的客户有可能取消预订或者因为各种原因最后不能如约而至，球场原本被预订的时段就闲置了，便会造成球场的经济损失，这时超额预订就变得尤其重要。超额预订可以有效地减少因预订客户的不出现而导致球场容量不满的风险，但同时也存在着因为预订者全到而带来的超出容量使得预订者不能下场打球的风险。要减少这种风险，就要分析以下几点历史记录：

1. 会员预订和非会员预订的比例

高尔夫俱乐部的收入由会籍费和日常营业收入组成，会籍费是由会员事先一次性支付了会籍期内无限次打球的入场费，缴纳了会籍费的会员享有比非会员优先预订的权利。所以高尔夫球场应该分析历年数据记录，得出会员预订者和非会员预订者的比例，以及各自取消预约的比例，方便做出预订时的准确决策。

2. 临时取消打球以及随机来打球的比例

一般来说，客户由于自身原因也存在着临时取消打球的情况，还有一些事先没有经过预订、随机来打球的情况。跟踪这些信息，有利于在超额预定时做出正确的决策。

3. 季节变化的影响

俱乐部根据市场的需求情况，旺季取消预订的情况比淡季要少，还要考虑周边同行的预订情况，所在地可能举办一些活动来吸引更多的客户等。如果同行预订情况较好，则应该减少超额预订的幅度。

高尔夫俱乐部实行超额预订，除了要建立完备的历史记录系统外，还要依靠管理者与员工的经验。如果订单过多，需要客户等待时，可以为等待的客户提供折扣或免费打球，缓解客户的不满。

五、团体客户预订

一般来说，团体预订可采用人员、电话、传真、E-mai 或信函等方式进行，俱乐部回复应以书面形式并争取团体预订客人也同样以书面形式确认。书面确认中应注明预约日期、时间、人数、住房情况、用餐要求、付款方式、联系人、联系方式和特殊要求等。

接到客人的预订信息后，客服专员首先查看预订日当天的球场使用状况，如符合俱乐部团体消费要求的，则填写《团体预订单》，注明详细情况，然后上报市场部经理批准。经过批准后，用传真方式回复客人，请客人书面确认，同时在俱乐部预订表上做记录，为团体保留预订日的开球时间。其中，每份传真应注明要求对方签复的期限，大型团体或节假日团体需要提前一个星期以书面形式确认。在到达期限的第二日，若对方没有回复，应做第二、第三次追询，第三次追询后仍无回复的，应及时采取措施，取消预订，并通知对方，要确保对方收到通知。预订经双方确认后，最后以合同形式规定双方共同执行的条款，包括预约日期、开球时间、人数、就餐标准、住房情况、付款方式及其他特殊要求等，合同条款中规定得越细致，执行起来就越便利。

如果俱乐部当天无法接受预订，应以书面形式礼貌地向客人致歉，在征得客人理解后向客人建议预订其他时间，为团体客人下次光临本俱乐部打下基础，留下美好印象。为确保公众假期客人的预订，不会导致俱乐部因客人未到或人数差距悬殊而造成经济损失，在预定的时候，应要求客人按合同规定交一定数量的订金，由客户服务部联络人跟进，协助客人到财务交款。

要积极向团队客人推销俱乐部其他服务和产品，包括住宿、用餐和打球用品等，为俱乐部争取更大的经济效益。客户服务部具体联系人负责该预订团队在俱乐部活动的全程跟进服务工作。客户服务专员将已确定的团体预订予以登记，并在客人到达前一周送达俱乐部有关部门，包括营业部、餐厅、前台、竞技部、草坪部等。

每月最后一天将下一月团体预订制成"活动预报"，报送总经理及相关部门，以便俱乐部各部门合理地做工作安排；如团体有取消或增加等较大规模的变化，应以书面形式及时通知各部门，将团体预订文件装订、存档。

【实训练习】

实训项目

周彤在阅读本任务后，了解了客户打球预订程序、预订的更改与取消、预约查询、超额预订等。学生分别扮演客户和客户服务人员，模拟演练预定过程。

实训目标

训练学生熟练掌握预订程序、预约查询、超额预订、团体客户预订的方法。

实施过程

1. 将全班学生分为3~5个学习小组，在每个组内进行角色分工：客户服务专员和客户，然后进行角色演练，为客户进行订场服务；

2. 老师对学生演练进行现场指导，并组织学生进行小组总结；

3. 抽签选择学习小组在全班进行演练，并由学生提问、答疑、点评，由老师做总结；

4. 每个小组将演练心得制作成WORD文档，并用演示PPT来分享活动成果。

实训考核

1. 为客户预约的能力（30%）；

2. 项目工作完成的合理性、逻辑性、创新性（30%）；

3. 团队成员表演、讨论、发言的参与度（20%）；

4. 团队成员的协作性（20%）。

【作业与思考】

1. 预订程序是什么？
2. 如何进行预订的更改与取消？
3. 如何进行预约查询？
4. 如何进行超额预订？

任务二　客户接待

高尔夫俱乐部接待服务一般分为 VIP 客户接待和一般客户接待两种形式；其中，VIP 客户（多为影响力很大的政商界领导）的接待相对较少；而一般客户接待（以下统称客户接待）是高尔夫会所接待的主要形式。

客户接待工作的内容主要包括客户抵达前的准备工作、客户抵达后的接待工作以及客户离开时的送离活动。一般来讲提供周到热情服务、满足客户的合理需求是客户接待的主要原则。通常来说，为客户提供接待服务的人员有以下几种身份：前台收银、会所大堂经理、销售员或客服人员等（本任务仅以客服人员的接待为例）；在接待客人时，大概有两种情况，一种情况是客户已提前预约；一种是客户未预约。

针对预约客户，客服人员应该尽量了解客户的各种信息，在客户到俱乐部之前，就需掌握俱乐部当天的天气状况、TEE-TIME 状况、客户到俱乐部的线路以及交通状况；在客户到达会所后，客服人员应该提前做好包括前台、更衣室、出发站等各个环节，并就场地状况和球童状况及时与客户沟通，提醒客人不要遗忘、丢失物品，并注意安全，使客户能够在每个环节上都体会到客服人员的耐心与细致。只有这样高效率的接待工作，才能得到客户的高度认同。

针对未预约客户，大体分两种情况：对于客流量相对饱和或者品质较高的俱乐部，未预约客户意味着无法下场击球；而对于大多数俱乐部而言，未预约客户的接待与管理，更体现了一个俱乐部的应变能力与管理水平；就大多数俱乐部来说，客服人员应该在客户抵达俱乐部的第一时间，与客户进行有效的沟通，了解客户的需求，协助客户查阅 TEE-TIME 时间并安排好客人下场时间、协调好更衣室、出发站等各个环节，就场地状况和球童状况进行有效的客户沟通，使客户在得到热情服务的同时，顺利下场击球。对于未预约客户的服务，对客户接待和球场管理是一种考验。真正的规范管理，一定是具有人性关怀的管理；对于未预约客户的接待，有预案、有管理、有服务，不但有利于提高接待工作的效率，而且对树立俱乐部形象、提高俱乐部的知名度和美誉度具有重要的意义。

就所接待客户的身份而言，大体分为三种，即会员、嘉宾和访客。

会员接待

从消费者心理学的角度分析，会员对于球场普遍具有较高的忠诚度与荣誉感，在同一家球场下场打球和享受服务的次数也比访客要多，而且更加深入。而这些会员购买会籍的动机除了减少打球费用、商务招待和社交需求之外，更是由于对高尔夫的热爱。这种热爱会让会员对自己所属球场的服务和管理水平产生较高的期待。

在会员接待时，客服人员应尊重会员。客服人员应该提前做好包括前台、更衣室、出发站等各个环节的安排，并就行车路线、场地状况和球童状况及时与客户沟通，提醒客人不要遗忘、丢失物品，并注意安全，准备好客人下场时需要的食品、热水等，使客户能够在每个环节都体会到客服人员的耐心与细致。

图 2-4

【小案例 2-20】

细心的小周

铁岭龙山高尔夫俱乐部会员吴先生是长春人,和朋友去沈阳办事,路过铁岭,朋友想打球,由于时间紧,两人商议第二天早晨5:00打球,上午也能赶到沈阳,不耽误办事。于是,会员吴先生通过俱乐部的客服人员小周预约了球位。第二天,天蒙蒙亮,两人就起来了,除了出发站有两个值班的球童外,空寂的会所大厅一个人也没有,前台的值班人员还在休息中。正在这时,客户人员小周从餐厅里走出来,手里端着的托盘里有热乎乎的牛奶、蛋糕、鸡蛋等食品。

小周说:"吴总,您两位的消费卡已经帮您开好了,早上打球空着肚子可不行,我帮您准备了点儿早点,您就先点补!"吴先生和朋友喝下牛奶,心里当然热乎乎的。此后,吴先生周边的朋友,无论是订场,还是咨询会籍,毫无例外,都是找的小周。

嘉宾的接待

嘉宾是和会员一起打球的客人。嘉宾前来登记时,预约会员必须到场。客服人员在接待嘉宾时应该像接待会员一样,使会员嘉宾感受到俱乐部工作人员的细心周到。

【小案例 2-21】

记住客户的姓名

客户张先生因为去国外出差,很长时间没来俱乐部打球,回国后因为招待生意伙伴又来到俱乐部,恰巧在会所大厅遇到客户服务专员小蔡,小蔡热情地上前和他打招呼:"张总您好,好久没见到您过来打球了,最近很忙吧?有什么需要我帮忙的吗?"小蔡一边

> 说，一边引导张先生的同伴到前台开消费卡。张先生大为吃惊，想不到这么长时间对他还留有印象，让他有一种强烈的亲切感，感到自己受到了重视，受到了特殊的待遇，在朋友面前很有面子。从此后张先生经常带朋友来打球。毫无疑问，他每次都是找客服的小蔡帮忙预约球位。

访客的接待

访客是除会员、会员嘉宾及团体等客人以外的打球客人。客服人员应热情、周到地为客人提供球场服务设施指引，包括消费项目的价格和详细服务内容。

【实训练习】

实训项目

周彤在阅读本任务后，了解了预约客户、未预约客户、会员、嘉宾接待的方法技巧，安排学生分别扮演客户和客户服务人员，模拟演练接待过程。

实训目标

训练学生熟练掌握预约客户接待、未预约客户接待、会员接待、嘉宾接待的方法技巧。

实施过程

1. 将全班学生分为3~5个学习小组，在每个组内进行角色分工：客户服务专员和客户，然后进行角色演练，模拟会员、嘉宾、访客接待；

2. 老师对学生演练进行现场指导，并组织学生进行小组总结；

3. 抽签选择学习小组在全班进行演练，并由学生提问、答疑、点评，由老师做总结；

4. 每个小组将演练心得制作成WORD文档，并用演示PPT来分享活动成果。

实训考核

1. 客户接待的能力（30%）；
2. 项目工作完成的合理性、逻辑性、创新性（30%）；
3. 团队成员表演、讨论、发言的参与度（20%）；
4. 团队成员的协作性（20%）。

【作业与思考】

总结如何在会员接待、嘉宾接待中体现"客户至上"的服务理念。

任务三　组织会员活动

为了加强俱乐部与会员的交流和沟通，增进会员对俱乐部的归属感，打造俱乐部忠诚的客户群体，搭建会员间信息共享、平等沟通的交流平台。俱乐部一般都要组织定期或不定期的会员活动。活动内容也比较丰富：如举办俱乐部月例杯、俱乐部间对抗赛、地区对抗赛等赛事、会员沙龙（论坛、讲座、培训等等）以及组织境内外高尔夫旅游活动。

一、组织赛事活动

组织赛事活动是各个俱乐部组织会员活动的最普遍形式，一般由俱乐部的客服部门（或销售部门）牵头组织。根据比赛规模确定赛事的组织形式和所需要的比赛条件及奖品等。如确定该赛事是否需要组委会、赛事名称、赞助单位、球员参赛资格、比赛形式、比赛时间表、报名表、开球位置、奖项安排；球童及球车安排、发球员、工作人员安排、球类检查；场地准备工作、新闻中心、客人招待中心的准备工作等。

二、会员沙龙（论坛、讲座、培训等等）

邀请著名专家、学者讲授金融、地产、管理或养生等方面的新理念、新知识。

举办高尔夫知识培训，高尔夫培训内容包括挥杆技巧、高尔夫历史、规则、礼仪及其他高尔夫知识，加强客户对高尔夫的理解，在高尔夫传统与价值之间提供一种强有力的联系纽带，提高会员忠诚度。

三、组织联谊活动

不定期举办各类旨在促进沟通的联谊活动，组织会员去境内外球场打球，举办家庭亲子活动、答谢酒会等。

还可以根据会员特点，帮助会员通过各种社会资源的重新组合，搭建信息共享、平等沟通的交流平台。纯粹的娱乐活动与商业活动相结合，既满足会员休闲的需要，又加强会员间的交流，提高会员对活动的参与性以及忠诚度，促进会员间的交流，增进感情和共享资源。

四、个性化的服务

为客户制定个性化的服务计划，突出自己的特色。如了解会员的生日、地址和爱好，能够在生日当天进行电话祝贺或举办生日晚会。另外，在逢年过节也需要进行问候和关怀。还有的俱乐部为会员准备专属的存包架、衣物柜、停车位等。

在个性化的服务方面，纯会员制的俱乐部无疑做得更好一些，而一般俱乐部的客户服务则大同小异。

【实训练习】

实训项目

周彤在阅读本任务后了解了组织会员活动包括组织赛事活动、会员沙龙、联谊活动及提供个性化服务等，假如你是周彤，请组织一场高尔夫会员活动。

实训目标

训练学生组织会员活动的能力。

实施过程

1. 将全班学生分为 3~5 个学习小组,每组策划一场会员活动;

2. 学习小组将设计方案在全班进行演示,并由学生提问、答疑、点评,由老师做总结;

3. 每个小组将设计活动方案制作成 WORD 文档,并用演示 PPT 来分享活动成果。

实训考核

1. 会员活动的组织能力(30%);

2. 项目工作完成的合理性、逻辑性、创新性(30%);

3. 团队成员表演、讨论、发言的参与性(20%);

4. 团队成员的协作性(20%)。

【作业与思考】

1. 组织会员活动的目的?
2. 会员活动包括哪些内容?

任务四　处理客户投诉

当会员和其他客户到球场消费时,对球场本身和俱乐部的服务都抱有良好的愿望和期盼,这些愿望和要求得不到满足,就会心理失衡,由此产生抱怨和不满。处理客户投诉是客户服务的内容之一。客户投诉处理目的是改善俱乐部与客户之间的关系,提高俱乐部的经营管理水平。令人满意的客户投诉处理,意味着客户变得更加忠诚,也意味着俱乐部的整体效益将得到稳定增加。

一、客户投诉产生的原因

(一)会所服务和球场的问题。会所设施、餐饮服务质量,特别是球场质量问题(如果岭的状态、球道、沙坑等养护得不好)达不到客人的要求,最容易使客户产生不满情绪。

（二）球童及其他员工的服务态度与服务水平问题。球童和员工的经验不足，服务态度不佳，会严重影响客户技术水平发挥和打球的心情。

　　（三）客户，特别是会员对俱乐部的经营方式及策略不认同。如经常承接赛事，导致本俱乐部的会员无法订场；对下场打球客户的水平不加以限制，导致打球经常堵塞；大幅降低会籍价格，给原有会员造成损失等。

　　（四）客户对俱乐部服务的期望超过俱乐部的预期。

　　（五）客户在球场打球期间遇到安全事故或财物损失等问题。

　　（六）客户由于自身个性原因提出要求得不到满足，有些问题是俱乐部未向客户解释清楚享受该项利益的适用条件等原因造成。

【小案例2-22】

能不能借朋友的会员卡来订场？

　　证券公司何总是某南方高尔夫俱乐部的终身会员，由于工作关系，常年在国外。有一天，他的朋友孙总招待两个外地的客人，想去这家俱乐部打球。可这是一家纯会员制的俱乐部，孙总还不是这家俱乐部的会员。于是，孙总给远在国外的何总打电话，想借何总的会员证预订场地。何总没有任何犹豫，马上安排秘书把会员证给孙总送了过去。接下来，意外发生了。孙总打电话到俱乐部，用何总的会员证号预订球位，预约人员了解了一下孙总的情况，马上拒绝了孙总的预约。他很直白地告诉孙总，根据俱乐部规定，必须何总亲自陪同下场才可以预约，其他人一律不予预约。气愤不已的孙总在电话里把预约人员狠狠地骂了一通，又打电话把此事告诉了何总。何总又给俱乐部打电话沟通此事，结果没有任何改变，预约打球必须何总本人亲自陪同下场才可以。毫无疑问，何总心情也极为不舒畅，花费一百多万元办理的俱乐部会员卡，为什么连这点小事都不能通融呢，这让自己在朋友面前多没面子啊！于是，何总决定回国后，去俱乐部进行投诉，如果解决不了这个事情他就要求退会。

二、处理投诉的技巧

(一) 查明原因、追究责任

为改善服务且避免日后发生类似的问题，俱乐部不能仅仅根据表面上的现象来解决问题，必须调查问题发生的原因并全面了解和认定当事人和主管人员的责任，从责任归属角度来考虑并根据俱乐部有关规定给予处理，追究责任。客户投诉的管理要建立监视、奖罚机制，避免在服务过程中重复犯同样的差错。

(二) 先处理情感，后处理事件

善待提出投诉的客户，因为他们的投诉表明特别在意俱乐部中提供的服务，他们期待俱乐部能把服务做得更好。所以，客服人员首先要考虑客人的感受和心情，告诉客人你的姓名，使客人确信你能够解决问题，先承认自己的过失，来缓和客户的情绪。

(三) 耐心倾听客户的抱怨

只有认真听取客户的抱怨，才能发现其实质性的原因。一般的客户投诉多是发泄性的，情绪都不稳定，一旦发生争论，只会更加火上加油，适得其反。真正处理客户投诉的原则是：开始时必须耐心倾听客户的抱怨，避免与其发生争辩，在客人陈述完他的不满之前只听不说，了解客户的真实想法。

(四) 使用恰当的身体语言表达对客户的同情

使用富有同情心的语调，在态度和语气上不能粗鲁，耐心接待，让他们怒气冲冲而来，心满意足而去。

(五) 对存在的问题表达歉意，及时了解客户遭遇问题的严重程度

漠视客户的痛苦是处理客户投诉的大忌。员工必须站在客户的立场上将心比心，诚心诚意地表示理解和同情，承认过失。因此，对所有客户投

诉的处理，无论是已经被证实的还是未被证实的，不是先分清责任，而是先表示道歉，这才是最重要的。这并不意味着你接受全部指控，因为，不同程度的问题对客户造成的损失不一样。对客户遭遇问题的严重程度了解得越清楚，之后就越有助于采取准确的方式进行处理，从而使客户满意。

（六）不要打断客户

使用有效的聆听技巧获得对问题的整体认知，并且反映出你真诚地对待客人。

（七）采用积极的姿态，诚实地向客户承诺

对客户提出的投诉与不满，应采取积极的态度来处理，进行及时补救。当问题比较复杂或特殊时，如果客服人员不知该如何为客户解决，就不要向客户做任何承诺。而是诚实地告诉客户情况，并尽力帮客户寻找解决的方法，必要时应告诉客户需要一点处理的时间并约定给客户答复的时间，一定要确保准时给客户答复。即使到时你仍不能帮客户解决问题，也要准时向客户解释问题处理的进展，表明自己所做的努力，并再次约定给客户答复的时间。同向客户承诺你做不到的事相比，你的诚实会更容易得到客户的尊重，可以维持好与客户的关系。

（八）迅速采取行动

对于客户的抱怨应该及时正确处理。拖延时间只会使客户的抱怨变得越来越强烈，客户可能会感觉自己没有受到足够的重视。通过核对细节和记录来弄清问题，以便能对投诉进行全面处理。例如，客户抱怨球童服务不好，就应该立即调查，了解真实情况，如发现确实存在问题，应尽快告诉客户处理的结果。

积极关注客户投诉的具体内容，有利于我们了解自身的不足以及客户的需求变化，进一步改善自身的产品质量和提高服务品质。俱乐部的不足或缺点，如果没有客户的投诉，我们自身是很难了解和发现的。关注客户投诉的内容，可以帮助俱乐部改善产品和服务的品质，提高服务能力，保持对客户的吸引力，提高俱乐部的竞争力。

三、投诉处理流程

(一) 投诉分类

1. 关于人身安全的投诉

客户服务专员接到通知后应第一时间上报部门负责人，由负责人请示俱乐部总经理后处理。

2. 关于财产的投诉

值班人员接到通知后，应记录当时的情况并上报部门负责人进行处理。

3. 投诉（一般情况投诉）

各相关部门可自行解决并进行备案。

(二) 投诉处理原则

理解客户感受：立即向客户表达歉意，并表示对客户的完全理解。

表明立场：表明自己是站在客户立场讲话，是代表公司勇敢承认过失，并决心帮助客户解决问题。

明确客户意图：要帮助客户明确意图，并理顺客户要求和建议，必要时请示上级管理层并获得批示后承诺客户。

积极跟进：积极响应客户的投诉建议，及时汇报管理层，以最短时间改变策略，完善各项服务。

建立客户投诉档案，定期汇报。掌握客户需求，协助管理层制订服务措施及方案。

(三) 投诉处理程序

客户服务专员接到投诉时，引领客人到较安静的地方并请客人坐下，除认真听取客户陈述外，还要立即登记客户资料及相关内容，与客户确认记录信息是否正确，并尽可能了解事件详细经过。

客户服务专员填写《会员投诉受理表》，并将问题反映到责任部门负责人。

表2-6 ××高尔夫俱乐部会员投诉受理表

会员姓名	会员卡号	会籍类别	联系电话

投诉内容及建议：
即时回复：
部门负责人审阅意见：
总经理批示意见：
跟踪处理（回馈）：
经办人签名：　　　　　　年　月　日

注：本单一式两联：第一联市场营销部（白）；第二联财务部（红）

与责任部门确认客人问题如何解决，并将解决办法写进《会员投诉受理表》，将此表交营销总监审核无误后交俱乐部总经理审批。

总经理审批后24小时内，客服人员回复客户，并将客户反馈结果回复给相关部门。

一些必须在短时间处理的投诉个案，处理人可在请示领导后根据权限范围给予客户适当的优惠或以其他灵活方式处理，务必保证俱乐部运作畅通。

将相关投诉资料进行存档，按照内容分类，以便跟踪客户的反馈意见。

投诉涉及的违规人员除处罚手段外，相关部门应做出分析报告，并上交客户服务部及行政人事部存底。各部门根据事件做出相应的培训，以免类似事件的再次发生。

投诉处理流程图

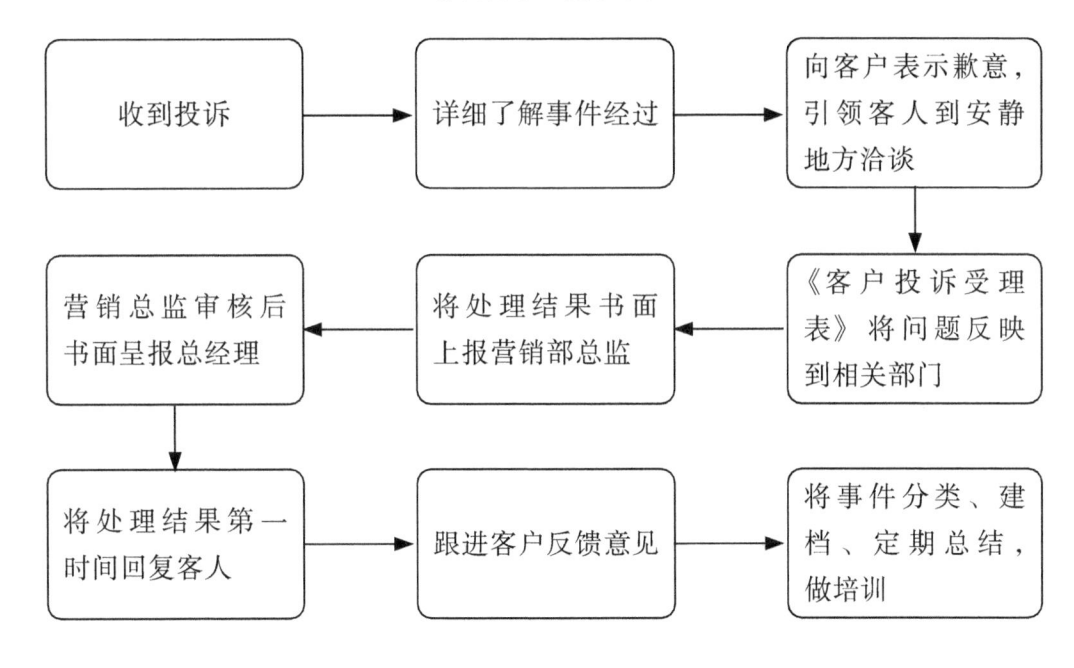

```
收到投诉 → 详细了解事件经过 → 向客户表示歉意，引领客人到安静地方洽谈
                                              ↓
营销总监审核后书面呈报总经理 ← 将处理结果书面上报营销部总监 ← 《客户投诉受理表》将问题反映到相关部门
    ↓
将处理结果第一时间回复客人 → 跟进客户反馈意见 → 将事件分类、建档、定期总结，做培训
```

【实训练习】

实训项目

周彤在阅读本任务后知道客户投诉产生的原因及处理客户投诉的技巧及流程，模拟客户投诉情景，学生分角色扮演客户服务专员和客户，处理客户投诉。

实训目标

1. 训练学生能够分析客户投诉的原因；
2. 训练学生能够掌握处理客户投诉的技巧；
3. 训练学生能够正确运用处理客户投诉的流程。

实施过程

1. 将全班学生分为 3~5 个学习小组，在每个组内进行角色的分工：客户服务专员和客户，然后进行角色演练，模拟客户投诉处理过程；
2. 老师对学生演练进行现场指导，并组织学生进行小组总结；
3. 抽签选择学习小组在全班进行演练，并由学生提问、答疑、点评，由老师做总结；

4. 每个小组演练心得制作成 WORD 文档，并用演示 PPT 来分享活动成果。

实训考核

1. 处理客户投诉的应变能力（30%）；

2. 项目工作完成的合理性、逻辑性、创新性（30%）；

3. 团队成员表演、讨论、发言的参与度（20%）；

4. 团队成员的协作性（20%）。

【作业与思考】

1. 客户投诉产生的原因有哪些？

2. 处理客户投诉的技巧有哪些？

3. 总结处理客户投诉的流程。

第三单元
高尔夫市场营销部岗位拓展

一般来说，如果高尔夫俱乐部里设置市场营销部，大多意味着这个部门是集策划、销售和客服等工作为一体的综合部门。从某种意义上来讲，在这个部门中，销售是目的、策划和客服是实现目的的手段，各岗位的工作内容紧密相关。

模块一　产品服务延伸

会籍管理是客户服务的重要内容之一。会籍管理包括客户资料管理和会员合同管理两大部分。客户资料管理包括客户资料统计、客户消费统计和客户类型划分三方面内容。会员合同管理涵盖了会员入会、会籍转让、会籍继承、合同管理等工作内容。会籍管理工作做得好，一方面是对客户权益的有力保障；另一方面对于俱乐部经营也会起到重要的指导作用。可见，严谨、有序的会籍管理无论是对俱乐部还是对客户都具有重要的意义。

项目　会籍管理

【项目情境】

经过一个多月的努力，周彤逐渐了解客服工作的主要内容：客户信息收集、合同管理、会籍管理等工作流程，周彤应如何做好这些工作呢？

讨论与交流

周彤未来会从事客户信息收集方面的工作，你认为客户信息应该包含哪些方面的内容？如何建立客户信息资料卡？

【学习目标】

技能目标
1. 建立客户资料档案的能力；
2. 掌握会籍管理一般流程。

知识目标
1. 掌握建立客户资料档案的基本内容;
2. 掌握会籍管理的一般流程。
素养目标
培养学生严谨、细心的品质。

【任务分解】

任务一　客户资料管理
任务二　会员合同管理

任务一　客户资料管理

客户资料管理包括建立客户资料档案和应用客户资料两个方面内容,下面分别就两方面内容进行讲述。

一、建立客户资料档案

客户服务管理首先要建立客户档案资料,即将客户的会员资料及个人信息存档,并录入俱乐部运营系统,以保障会员来俱乐部消费时能方便、快捷地得到服务;对所有客户资料进行科学记录、保存,并分析、整理、应用,既可以巩固与客户的关系,又可以有效提升俱乐部的经营业绩。随着高尔夫行业的完善和发展,客户资料的管理和应用也越来越广泛、精细。

客户资料管理主要包含两类,一类是会员资料的管理,这种管理的内容一般较为详细,通常包括会员合同、会员个人详细资料、会员类型和消费状况四个方面。

1. 会员与俱乐部签署的购买会籍的合同。

2. 会员个人资料。包括客户的名称、电话、地址、传真、性格、爱好、学历、年龄、家庭情况等。如是团体客户应包括法人代表等。

3. 会员类型。一般以会籍类型来表示，如个人会籍、公司会籍、商务会籍等。

4. 消费状况。主要指会员来俱乐部的消费状况，如消费的频率、带嘉宾数量、信用等级等。如今的俱乐部管理系统大多具有相应的统计功能。会员在俱乐部的消费都会有统计和记录，包括会员的来访日期、消费情况或消费内容等。

另一类是非会员资料的收集管理，内容包括客人所在区域、从事行业、联系方式、消费喜好等；这种类型的资料管理通常较为粗放，一般是为会籍销售工作做客户数据储备。

二、客户资料的应用

1. 发现最有价值的顾客

建立客户档案后，俱乐部要通过选择和分析客户的消费数据，了解客户的消费习惯、交易情况及客户的消费心理，便于进行有针对性的沟通，提供符合个性化需求的高品质服务。通过顾客档案，统计、分析顾客历史消费数据，找出哪些是最有价值的顾客。

例如：俱乐部可根据过去一年客户消费统计的数据，按客户的身份（会员或非会员）分为两类各找出消费最多的前20名客户，对其建立消费"积分奖励制度"，促进客户多消费。消费金额与积分成正比例关系，按照客户的积分来给予奖赏。还要找出具有相似性的客户，找出个人偏好的所有信息，有针对性地开展营销活动。个性化服务可以使客户与俱乐部之间建立更加密切的合作关系。

建立顾客档案既是完善客户服务的一种手段，也是一种基础的销售手段。根据顾客档案的相关数据资料，为个性化服务提供有效的数据支撑。根据信息，按照帕累托定律的反向操作，为20%的顾客投入80%的精力。对产品和服务进行定制化，按客户需要提供产品和服务。对于有潜力的客户，要有组织、有计划地落实和检查服务定位，如制定省时间、高效率的具体活动计划，最终达到促进客户循环消费的目的。

2. 提供个性化服务

随着俱乐部的发展，同档次俱乐部的不断增多，使得客户在俱乐部之间转换的成本变得相对低廉。一些顾客虽然已成为某俱乐部的客户，但对其他球场的产品更为满意，可能会到其他球场消费。因此，最终的消费选择带有很大的随机性。另外，当一个俱乐部的后续服务跟不上，顾客提出的意见没有予以重视或给予及时反馈，客户会渐渐失去对俱乐部原有的亲和力，这类忠诚度极高的顾客就会流失。

客户到场打球是购买会籍最基本的消费诉求。俱乐部必须努力为客户营造高效、便捷、舒适、愉悦的打球环境。及时处理客户投诉，收集客户的反馈信息并及时根据客户意见改进服务，使高尔夫俱乐部真正成为一种高尚的休闲活动场所。

根据顾客信息资料，在更高层次建立起牢固的战略双赢关系。例如，我们可以按其所在行业将其企事业产品链的客户组织成一个球友会，让他们在打球或具体的交流活动中更加体现出商务交流的价值，同时也就创造了影响行业内其他非客户企业家加入进来的良好机会。针对客户的营销，还可以考虑子女教育的需求、企业技术创新的需求、企业管理创新的需求等，只要我们从客户的利益出发，利用好俱乐部这个平台，就能形成一个真正的商务增值圈，更好地服务于客户，让客户感觉到会籍在自己的事业、生活各个方面有明显的价值及增值效果。

【实训练习】

实训项目

周彤在阅读本任务后知道建立客户档案的具体内容及作用，明白了要成为一名优秀的客户服务专员，必须充分利用客户档案，为客户提供个性化服务。现在周彤为一名客户建立客户档案，并针对这位客户提供增值服务。

实训目标

1. 训练学生对客户档案的建立与管理的能力；
2. 训练学生运用客户档案发现最有价值的顾客并提供个性化服务的

能力。

实施过程

1. 将全班学生分为 3~5 个学习小组，以小组为单位组织引导学生讨论建立客户档案的方法及作用；

2. 通过分析客户档案，针对该客户讨论该如何提供个性化服务；

3. 以学习小组为单位，分别设计个性化服务方案；

4. 每个小组总结实训中的经验和教训，并以 WORD 文档的形式上交。

实训考核

1. 个性化服务方案的合理性、可行性、科学性（30%）；

2. 现场演练的效果（40%）；

3. 小组成员讨论、发言的参与度（20%）；

4. 小组成员的协作性（10%）。

【作业与思考】

1. 客户服务专员应如何建立客户档案？
2. 客户服务专员如何为客户提供增值服务？

任务二　会员合同管理

由于企业的管理方式各不相同，在不同的高尔夫俱乐部里，会员合同的管理也有所区别。就一般情况来说，会员合同管理大体如下：

一、入会程序管理

（一）申请的重要性

任何有意成为客户的申请人必须从俱乐部领取一份申请表格及相关申请入会的文件，填妥申请表格后，连同相关证明及俱乐部所需费用（包括会籍费及会籍月费）交俱乐部审批。

一是表明购买者的意愿，自愿加入俱乐部；

二是表明购买者认同俱乐部的相关条款；

三是为俱乐部提供必要的资料信息。

(二) 资格审查的必要性

客户是一个俱乐部相对固定的消费群体。审查申请人是否符合俱乐部的入会条件是保证俱乐部整体和谐的重要程序。俱乐部有绝对酌情权批准、押后或拒绝入会申请而无需给予解释及理由，同时俱乐部拥有绝对权力的修订、增加或豁免入会申请的任何条款及条件。

首先，审查申请人的个人嗜好和品行是否会妨碍其他客户；

其次，审查申请人的整体消费能力和社会地位是否在同一水平；

第三，审查申请人的个人信誉度及支付能力。

审批申请通过后，由市场营销部向通过审批的申请人发出欢迎函和临时客户卡。俱乐部向未通过审批的申请人全额退回已收取的各种款项（不计算利息），但若款项以信用卡形式收款，俱乐部须扣除一定比例款项做信用卡手续费。

就当前高尔夫市场而言，只有高端的纯会员制高尔夫俱乐部才会对拟入会人员进行资格审查，而其他的绝大多数高尔夫俱乐部则忽略了资格审查这一程序。

(三) 交纳费用的规定

在俱乐部审批客户入会资格时，会籍费用、月费等款项应由财务部审核。申请人入会一般为一次性将会费及其他所需交纳的费用直接汇入俱乐部指定账号。申请人须签订会籍申请表、会籍章程及权益表，并缴付临时定金后的7天内付清会籍条款及当年月费，申请人如未能在规定时间内缴付余款，俱乐部有权取消其申请资格而无须退还已付款项。对于分期付款购买的会籍，市场部人员负责该类款项的追回工作，按照合同条款的规定定期通知客户缴交分期款额，并负责跟进催收。对于已确认补账的款项，要及时登记并核销。

(四) 办理证卡

在一些较为高端的高尔夫俱乐部里，由于会员卡和会员证书等物品制作较为复杂，一般先给刚入会客户发放"临时客户卡"，在客户入会20个工作日内为其办理好正式会员卡、会员资格证书及球包牌等。对于分期付款的客户，须在其付清所有入会款项之后，方可领取上述材料。客户在领取以上三种证件时须将临时客户卡及领取确认单交回。而有的高尔夫俱乐部，由于办理入会程序简单，在客户交纳全部会籍费用后，当天就可以拿到会员卡、会员资格证书和会员合同等资料。

（五）客户年费等的收取程序

客户的年费或月费的收取主要由客服人员完成。分为出单、催收、收款登记、核销、归档等程序。客服人员与财务部核实确认后将客户缴费单寄出，客户在指定日期前将款项付清。

拖欠会费是俱乐部客户部经常遇到的问题。对于这种不按时交纳会费的客户，许多俱乐部经常采用的办法就是在本俱乐部公告栏上公布其名单。这是催促客户交纳拖欠款项的有效办法。为了避免今后可能出现的麻烦，甚至上升到官司的纠缠，对登名亮相的决定应该慎重。最好的方法，按照客户章程，事先与客户签约一个有关公开亮相的合同。在登名亮相前，客户部需要提请财务部清查客户的交费情况，以防止出现错误。另外，在登名亮相前，客户部需要给该客户电告通知，特别对那些以前从未登名亮相的客户更是如此。

（六）附属卡申请（取消）程序

不同的高尔夫俱乐部对附属卡的申请有不同的程序。某些特定的会籍产品，是允许申请附属卡的。一般来说，凡会员之合法配偶及年龄介于12至18岁的未婚子女，均可申请成为附属会员。会员在申请附属卡时，首先须认真、详实地填写《客户附属卡申请表》。"客户签名"一栏须由会员本人签名，如申请配偶附属卡，应提交有关证明文件；如申请子女附属卡，须提交身份证件的复印件或其他有关身份证明文件。经审查无误后，提交俱乐部各级领导批准后，接受该会员的申请，并在规定工作日内给其发放附属卡。会员申请附属卡的时间最短不少于6个月。会员附属卡年费或月费与主卡年费或月费同时缴纳。

二、会籍管理一般流程

(一) 转让管理

关于会籍的转让,各俱乐部均有不同的约定。一般来讲,俱乐部对会籍的转让不做硬性限制。只要转让方正常缴纳各项费用即可。但是,也有部分俱乐部对会籍的转让有特定的限制。如:有的俱乐部为了拥有相对稳定的客户群体,规定购买会籍需满两年后方可转让。

要求由原转让客户和新受让客户共同提出书面申请,经俱乐部理事会审核同意后方可办理转让手续。任何人在转让所拥有的个人会籍后,将不再享受俱乐部客户的所有权益。收回原客户的客户卡、客户资格证书,同时为获得批准的会籍转让的新客户制作新的客户卡和客户资格证书。

会籍转让一般流程,包含以下几个步骤:

1. 客户将《转让申请书》递交至客户服务专员。
2. 服务专员初步审核后提交市场营销部总监审核确认后,交由俱乐部总经理进行审批。
3. 将通过总经理审批的文件交由财务部,审核转让人是否有未缴清之费用。如费用未缴清则不予转让,转让人需缴清所有欠款后方可转让会籍。
4. 若转让资料不齐全,则应追客户或客户服务专员补齐资料。
5. 审批通过后由转让方、受让方及所属客户服务专员三方到场方可办理转让手续。
6. 受让方按新入会客户流程办理入会手续。

会籍转让费管理。首先明确客户转让的盈亏责任归原客户,客户转让时,新客户向原客户支付转让费;其次,明确会籍转让手续费的缴纳标准,大多数俱乐部规定由原客户向俱乐部缴纳总转让费用10%的手续费。

(二) 会籍卡制作和发放的流程

1. 客服对新入会客户递交的申请表及相关资料进行初步审核。
2. 市场营销总监审批所有入会文件后交文员输入客户管理系统,并负责申请制作正式客户卡、会籍证书。

3. 文员测试客户卡，准备客户证书、会员卡及客户会员卡签收单，一并交给客服专员。

4. 客服收回并登记会员卡签收单。

（三）会籍晋升的流程

1. 客户需将原会籍资料（会员卡、会籍证书、入会合同、发票、晋升申请书、身份证明）递交至客服专员，由客服专员将资料交给市场营销部文员。

2. 客服专员初步审核后提交市场营销部总监审核，确认后交由俱乐部总经理审批。

3. 将通过总经理审批的申请文件交由财务部，审核晋升人是否有未缴清之费用，如有欠款，财务部将原会籍所欠款项转移到晋升后的新会籍账户。

4. 客服专员输入晋升客户资料，更新客户信息。

（四）会籍暂停使用管理

如因各种原因，客户长期不能使用会籍权益时，可向俱乐部申请暂停使用该会籍权益。

会籍暂停使用办理的流程

1. 填写《客户会籍暂停使用申请表》，出示出境签证或健康方面相关证明材料。

2. 财务部出具无欠款证明。

3. 相关资料交部门负责人、财务部跟进、经俱乐部总经理审批后方可办理会籍暂停使用手续。

4. 会籍暂停使用手续办理完成后由客服专员通知该客户。

一般来讲，会籍暂停使用，通常以年度为单位；到期自动恢复客户权利、义务。客户如取消暂停使用的权益，需以书面形式通知俱乐部。如提前取消暂停使用，须缴纳相关费用；到期仍未申请延续的客户，俱乐部有权向其收取正常年费。会籍暂停使用期间客户无需缴纳年费，亦不受邀请参加俱乐部的任何活动，不予办理会籍转让手续，到访俱乐部享受访客待遇。

（五）遗失卡处理流程

遗失会员卡的客户，可申请补办会员卡。

遗失卡办理流程

1. 书面声明客户卡遗失种类并申请补办会员卡（填写《客户遗失补办申请表》），并交齐补卡费。

2. 一般情况下，会在手续完成后的 7 个工作日制作好新卡。

（六）会员除名或停籍管理

对个别违反俱乐部规定的客户，或不符合俱乐部要求资格的会员，俱乐部可根据相关章程给予除名或停籍管理。这对维护俱乐部形象、保证俱乐部正常营运非常重要。

1. 一般来讲，对一些有损俱乐部名誉，或破坏俱乐部秩序，或其他违反了俱乐部规定，或触犯国家法律的个人，俱乐部有权根据俱乐部章程给予除名。

2. 通常情况下，对延迟缴纳年费或其他费用的，经书面警告 3 个月仍不履行，给予停籍，待全部费用缴齐后再给予恢复。

3. 对发生被理事会确认须处分行为的客户，视其情节轻重给予停籍或除名。

4. 对除名的会员收回会员卡，保证金、入会费等不予退还，该客户资格由新招募客户补充。

（七）特殊情况下的会籍继承与转让

1. 个人客户在死亡，或丧失行为能力，或永久性离境等情况下，其会员资格可由 1 名法定继承人继承，缴纳相应的手续费办理更名手续即可。

2. 法人客户在该法人破产、企事业解散，或遇到重大诉讼案时，其会员资格可由法人的债权人继承，缴纳相应的手续费办理更名手续即可。

【实训练习】

实训项目

本项目的主人公周彤在阅读了会籍转让流程、会籍卡控制与发放流程、会籍晋升流程等会籍管理流程后，明白了只有会籍管理规范化，客户的权益才能得到维护。为训练学生熟练操作会籍管理流程，提高会籍管理能力，请同学们以小组为单位，训练学生办理会籍转让等工作。

实训目标

训练学生能够按照程序正确处理会籍转让工作。

实施过程

1. 将全班学生分为 3~5 个学习小组，以小组为单位，分别扮演客户服务人员、客户，演练会籍转让工作流程；

2. 老师对学生演练进行现场指导，并组织学生进行小组总结；

3. 抽签选择学习小组在全班进行演练，并由学生提问、点评，由老师作总结；

4. 每个小组将演练心得制作成 WORD 文档，并用演示 PPT 来分享活动成果。

实训考核

1. 办理会籍转让等工作流程的规范化（40%）；

2. 小组成员表演、讨论、发言的参与度（30%）；

3. 小组成员的协作性（30%）。

【作业与思考】

1. 简述会籍卡制作和发放的流程。

2. 简述会籍晋升的流程。

模块二　　高尔夫赛事管理和广告策划

高尔夫赛事管理是高尔夫俱乐部为保证各项业务的持续拓展及品牌树

立和传播的重要保障，高尔夫俱乐部以规范化和标准化的管理模式，严格策划组织赛事活动，使赛事活动顺利进行，达成既定目标；并维护公司经营活动的正常进行。

项目　高尔夫赛事组织和广告策划

【项目情景】

杨昊所在的高尔夫俱乐部已确定于9月1日开业，由于俱乐部的母公司是北京的一家知名房地产公司，以开发高端别墅为主业。总公司领导指示俱乐部在开业时举办一场高尔夫邀请赛。目的是为总公司在北京的别墅业主提供超值服务，同时利用这次赛事做好全方位的广告宣传，扩大俱乐部的知名度和影响力。根据总公司领导的指示，参赛人员的邀约主要分为三部分：一部分是特约的领导和嘉宾，这部分人员由总公司和俱乐部共同邀请；一部分是公司在北京别墅项目的业主，这部分人员由总公司负责邀请；最后一部分是高尔夫客人，由俱乐部负责邀约。总公司的领导要求俱乐部在做好比赛的同时，要做好俱乐部的广告推广工作。接到任务的杨昊，立即和同事开始积极准备赛事策划方案，策划方案不但包括领导邀请、媒体邀请、新闻发布、赛事流程，还要考虑广告设计和宣传的各种途径等。

讨论与交流

你认为赛事策划包括哪些工作？

【学习目标】

技能目标
1. 制定赛事的策划方案；
2. 制定高尔夫广告的策划方案。

知识目标
1. 掌握高尔夫赛事组织各阶段的工作内容；
2. 了解高尔夫广告策划文案的格式。

素养目标

1. 培养学生吃苦耐劳的精神；
2. 培养学生热情、细心等品质；
3. 培养学生的合作意识。

【任务分解】

任务一　高尔夫赛事的组织与策划
任务二　高尔夫广告策划

任务一　高尔夫赛事的组织与策划

高尔夫赛事是加强高尔夫俱乐部与会员、会员与会员之间的交流，为双方搭建一个商务沟通平台，其目的是营造集娱乐、互动、交流、商机于一体的环境，聚集俱乐部人气，提高俱乐部经营收入，促进会籍销售。成功举办一场高尔夫赛事离不开各个部门的紧密配合。通常情况下，高尔夫俱乐部根据即将举办的赛事的重要程度，召开各部门协调会，就赛事的流程和每个部门的具体工作内容进行研讨和确认。

一般高尔夫赛事的组织过程如下：

一、决策过程

（一）确立赛事目的

通常俱乐部举办比赛，都可以起到联络各方关系，展示俱乐部形象和实力，提高俱乐部知名度和影响力的作用，所以俱乐部应该很好地利用比赛平台，创造有利于自己生存和发展的环境。一般来说，有几种需要是可以通过举办赛事来达到目的的：

1. 庆祝活动（开业庆典）；
2. 产品推广（一般商业比赛）；
3. 客户服务（以联谊、交流为目的）；

4. 承办大型赛事（显示俱乐部管理和设备设施的程度和水平）。

（二）确定名称

赛事名称的确定是非常重要的，确定名称，就确定了比赛的性质和形式，就可以指导其他的工作开展。名称确定要以书面的形式确认，以避免出现说法不一的情况。

俱乐部举办的比赛，不外乎邀请赛、例赛、联谊赛、商业比赛、专业比赛几种。俱乐部本身的庆祝活动，如开业庆典、周年庆典、节日庆典等，多数采用邀请赛的形式；会员月赛、俱乐部杯赛等，则属于例赛；有一些地方高协或其他组织牵头召集多路人马聚集的，又或俱乐部与俱乐部间、与其他机构、组织、公司之间的比赛，可以叫做联谊赛或对抗赛；他方为主办方在俱乐部举办的比赛，有冠名、有支付的，则为商业比赛；专业比赛是指正规的业余或职业赛事，发起组织一般为官方或官方授权机构，名称由主办方来确定。总之，比赛的名称一旦确立，比赛的范围、形式、要求，甚至费用支出的划分，基本上都确定下来了。

（三）确定日期

比赛日期的确定，要充分考虑各种因素，否则，会影响到整个比赛的效果。这些因素包括：

1. 打球的旺、淡季节；
2. 当时的天气是否适宜比赛；
3. 平日或节假日；
4. 是否已有订场，如有，可否调整；
5. 能否达到前文所述的比赛目的的要求；
6. 是否有足够的准备时间；
7. 惯例的延续；
8. 特别邀请的主要领导或人物能否参赛；
9. 可以挑带有吉利意义的日子。

所有的这些因素都考虑到了，比赛的日期就可以确定了，至于开球时间的确定，又要考虑另外一些因素了，下文将另行谈及。

（四）确定参赛人员

有多少人参加比赛，哪些人参加比赛，这是整个比赛的基础。参赛人员有些是邀请的，有些是指定的，有些是一个特定范围内的，不同的目的，不同的比赛形式，就有不同的参赛对象。如庆典邀请赛主要是地方各级领导、各级高协领导、关联机构、企业人士等；商业比赛和专业比赛一般都是主办方邀请或指定；如是新产品如会籍推广的，就主要是潜在客户和媒体，还有中介机构等；会员例赛这些当然就只有会员和其携带的嘉宾可以参加了。

（五）编列赛事程序

一项赛事活动，细分是有许多程序的，这些程序的时间、地点、参加人、方式方法等要详列出来，让配合比赛的各分部门有章可循，使比赛能进入实质性的筹备阶段。在赛事程序计划上除列出以上提到的名称、日期、参赛选手等外，还主要包括：

1. 签到时间、地点；
2. 开球时间、地点，是否有开球仪式；
3. 比赛赛制；
4. 执行的规则；
5. 奖项设置；
6. 就餐时间、地点；
7. 颁奖时间、地点；
8. 如有其他活动或仪式，其时间、地点、活动方式等。

赛事程序是一个不断深化的过程，随着所办赛事日期的接近，各项工作逐步到位，细节越明晰，赛事程序也会越具体、细化，直至完善。

（六）做好预算

如果没有预算，整个比赛的决策过程是不完整的。

根据以上决策内容，预算其实已经呼之欲出。做预算的时候特别注意以下两个问题：

1. 预算要全面，尤其是不要漏项。

2. 预算要力争准确。把各个事项分开预算，越细化就越能接近准确值。完成了以上几项，就等于完成了一个赛事的决策过程。

二、赛前准备

在举办赛事的相关决策完成之后，就可以开展赛事的具体准备工作了。准备工作必须要有一定的提前量，有些事项就是需要一定的时间才能完成的，不能临急抱佛脚，仓促上马会或多或少地影响到比赛举办的质量。有些大型的国际比赛准备期长达一到两年，而俱乐部举办的一般比赛准备时间也应在半个月以上为宜。

（一）采购物资

毋庸赘言，大量的比赛所需物资必须提前订购。一般比赛涉及的物品主要有：邀请函、礼品、奖杯、奖品、宣传布置装饰品、餐饮品。

（二）落实参赛名单

它的程序一般是这样的，向受邀对象发邀请函，然后收取回执，或通讯联络，跟进落实。邀请赛通常考虑的邀请对象主要有：1. 特邀领导（含上级领导、地方领导、高协领导、其他俱乐部领导等），2. 特邀媒体，3. 俱乐部会员，4. 产品潜在客户，5. 其他特定客户等；但具体要根据不同的赛事要求和目的而定。落实参赛名单贯穿整个比赛准备过程，在这个过程中，它不断在变化，而所有的事项，都跟着它的变化而变化，比如酒店客房、场地大小、分组名单、礼品数量、仪式档次、球童球车配备等，都随着名单的逐一落实而有所调整。

（三）赛事宣传前期联络

根据赛事宣传需要，由策划人员与电视、报刊、杂志媒体人员沟通，商定宣传事宜。

（四）人员培训

这是一个比较容易忽略的工作。事实上每场比赛都是不一样的，特别是与平时一般经营运作服务客人有较大的差别，这就要提前专门培训服务人员，将有关的事项传达到部门的每一个人员，让他们知道要干什么、怎么样干和要达到什么样的标准，以免上阵时不知所措或无法回答客人询问，影响比赛效果。

培训内容包括：比赛性质、参赛人员身份、比赛流程、奖项设置、仪式安排等。

培训越细致就能使比赛越规范，越顺畅。

三、现场操作

这是整个赛事活动组织中的重头戏，能否实现举办赛事的预定目标就在此一举，所谓"临门一脚"。事实上，道理是只要事前准备功夫做足做好，现场就会显得从容，否则，差漏在所难免。

图 3-1

一、检查准备工作

基于前文所述理由，比赛当日的准备工作检查就显得非常重要。检查中除了要看已布置的任务有否完成，还要检查有否缺漏，如何补救，有没有必要根据现场变化及时进行调整等。这项检查工作最好在赛事活动举行前的两小时进行，以便发现问题后有解决的余地。检查的部分有：

（一）现场布置工作

（二）仪式准备工作

（三）赛事准备工作

（四）场地准备工作

（五）VIP 接待安排

图 3-2

四、接待工作

（一）来宾接待

参加当日比赛的来宾多是受邀请的领导、贵宾、会员、媒体、合作单位人士等，俱乐部经理必须出面接待，逐一与之见面、沟通、交流，甚至陪同。

（二）媒体接待

媒体在整个比赛活动中扮演一个很特别的角色，既是参加者又是旁观者，既是来宾又是工作人员，既不能全部享受参赛嘉宾的待遇，又要参与整个活动过程。因此，对于媒体记者，需要一些特别的安排，以使他们身心愉快地、全情投入地报道比赛活动。

五、组织赛事活动的后续工作

赛事当天的活动结束后，并不等于组织者的事就完了，还有一些后续工作需要跟进、落实，只有把这些工作都做到位了，整个赛事活动才算功德圆满。这些工作主要有：

（一）新闻追踪

首先是新闻稿的发布。新闻稿分为两部分：一部分是文字稿，一部分是图片稿。

如前所述，为了能使媒体记者在短时间内对整个赛事活动的目的、意义和过程、状态、结果等有较快较准确的把握，组织者应发放新闻通稿。通稿起草需注意以下几个问题：

1. 新闻通稿可根据赛事活动的主旨和组织情况事先拟好，突出描写赛事当天的部分，比如天气、参赛人员、赛况、赛果等，一旦比赛结束，即填补上去，这样效率就提高了许多，新闻稿就可以在当天，甚至在媒体离场前发出，不致贻误最佳的报道时机。

2. 新闻稿的内容可以适当详细一些，以利媒体全面掌握情况，不同的媒体也有余地对稿件进行删改及润色。出稿应有针对性，如电视新闻稿和平面媒体新闻稿就不一样，期刊类新闻稿和日报类新闻稿也不一样。

3. 新闻稿还应该符合媒体报道的立场，不过于渲染，不过于商业化，少带感情色彩，适合媒体刊载使用。

（二）剩余物资处理

每次赛事完毕，都会留下许多剩余物资，要分类完善处理，既可节约成本，又可丰富储备。主要分：

1. 可在日常经常使用的。如食品、礼品、宣传品等，可将其归入有关部门，收集整理后再做销售或使用。

2. 可留做下次活动时使用的。如某些统一的形象宣传品、礼仪用品、背景板架等，可在整理后入仓存放，便于下次活动需用。

3. 不可以或无法再使用的。如某些一次性的装饰品、宣传品等，可在财务监管下先进行拆卸，再判断有些原材料是否可以归入第 2 类，实在不能再利用的，则做废品处理。

（四）资料保留

除赛事活动的新闻档案外，还有一些其他的文字和图片、宣传品等资料，也需要收集整理，归档保存，以便查阅，为球场留下可记录的历史。

（五）总结

这是整个赛事活动最后一环。必须在赛事活动结束后的短时间内对活动的结果、效果和组织工作有一个较全面的了解和评估。通过总结赛事活动举办所达到的效果，更深入地了解市场，制定出相应的制度和规则去纠正缺陷和堵塞漏洞，以提高整个营销部的赛事活动组织的能力和水平。

【实训练习】

实训项目

结合杨昊所在的俱乐部开业之际，根据总公司的指示，帮助杨昊策划一项高尔夫赛事活动，通过这次训练，使学生学会撰写高尔夫赛事策划方案。

实训目标

1. 能够明确赛事举办各阶段的工作内容；
2. 训练学生撰写高尔夫赛事策划方案。

实施过程

1. 让学生以团队为单位，组织策划高尔夫赛事活动；
2. 每个团队在讨论分析的基础上进行编制、整合思路；
3. 每个团队归纳总结，形成高尔夫赛事活动策划方案；
4. 每个小组将结果制作成 WORD 文档，用演示 PPT 来讲解小组活动成果，展示该高尔夫赛事策划方案，并对老师和其他小组的成员的提问给予合理的解释。

实训考核

1. 实地调研情况以及搜集资料的有效性（20%）；
2. 方案撰写的条理性、逻辑性、创新性（20%）；
3. 方案撰写的格式规范性（20%）；
4. 团队成员表演、讨论、发言的参与度（30%）；
5. 团队成员的协作性（10%）。

【作业与思考】

高尔夫赛事活动在高尔夫俱乐部营销中的重要意义有哪些？

任务二　高尔夫广告策划

一、高尔夫广告的定义及作用

高尔夫广告是指高尔夫企业通过各种大众传播媒体，如广播、电视、报纸、杂志等，以支付费用的方式向目标市场传递有关企业信息，展示企业产品和服务。广告是高尔夫促销组合中的重要组成部分，它的作用是长期的，有时甚至是潜移默化的。

高尔夫广告的作用体现在以下三个层面上：高尔夫市场、高尔夫俱乐部、高尔夫消费。

从高尔夫市场的层面看，广告是传播高尔夫市场信息的主要工具。高尔夫市场的一般定义是指高尔夫企业与顾客双方相互联系、相互作用的总体表现。那么，双方是如何相互联系、相互作用的呢？二者的沟通是通过商品流通来实现的。商品流通由三部分组成：商品交易流通、商品货物流通和商品信息流通。信息流是开拓市场的先锋。可以说没有信息，就不能沟通，无法交流。那么大量信息是怎样到达顾客那儿的呢？靠的是传播。当今世界具有传播商品信息功能的行业或渠道很多，最主要的就是广告信息渠道。

从高尔夫俱乐部层面看，广告是高尔夫企业竞争的有力武器。没有广告就没有市场，没有广告就没有名牌。高尔夫企业应利用广告策划制作，吸引受众，以尽可能少的投入获得尽可能大的产出。有的高尔夫企业利用广告定位，通过具有针对性的广告策略，为自己争取一定的市场份额。有的利用广告策略，树立高尔夫企业文化。当今的广告大战，从本质上说，是不同的高尔夫企业文化之间的较量和竞争。

从高尔夫消费层面看，通过高尔夫广告的创意，能很好地将高尔夫企业与产品的特点艺术地展现在消费者面前，极富感染力。通过对高尔夫消费者视觉不间断地反复刺激，能够使其产生一种跃跃欲试的欲望，从而激发消费行为，并指导顾客消费走上健康的道路。

二、高尔夫广告决策

在进行广告决策时，高尔夫企业管理人员要进行以下几个方面的决策：确定目标、编制预算、广告信息决策、广告媒体决策和广告评估。

图 3-3

（一）确定目标

广告目标是指在一个特定时期对特定观众所要完成的特定传播任务。一般来说，广告目标可分为三种类型，即通知型、说服型和提醒型。通知型广告主要用于高尔夫新产品的投入阶段，目的在于树立品牌，推出新产品。说服型广告的目的是培养顾客对高尔夫品牌的需求，从而在同类型高尔夫俱乐部中选择它。提醒型广告在产品进入旺销后十分重要，目的是保护客户对高尔夫产品的记忆并促使其连续购买。

(二) 编制预算

广告目标确定以后，高尔夫俱乐部就应该进行广告预算。广告的作用在于影响产品需求。高尔夫俱乐部要支付的广告费数额取决于要达到的销售量目标。在进行广告预算时，也需要考虑一些因素。

1. 产品所处生命周期

新产品通常需要大量的广告预算来唤起顾客的注意和购买，成熟期产品的广告预算通常占销售额很小的一个比例。

2. 竞争与干扰

在竞争激烈、广告如海的市场上，要想增加高尔夫俱乐部知名度，必须频繁地登广告。

3. 市场份额

占市场份额高的高尔夫俱乐部的广告费要多于占市场份额低的高尔夫俱乐部。

4. 广告频率

当需要频繁传递广告信息时，广告预算就要多一些。

5. 产品差异

如果一种产品有别于其他产品且比较突出时，需要较少的广告预算。

(三) 广告信息决策

不管预算多么庞大，只有当广告信息引起人们注意并形成良好的沟通效果时，广告才算成功。通常制作一个有创意的广告信息，需要进行下列三方面的工作：

1. 广告信息的产生

高尔夫俱乐部与客户进行沟通时面临高尔夫产品无形性的挑战，高尔夫服务只有在购买时或购买之后才能被顾客体会到，服务的这种特点对于广告信息的创意确实是一个挑战。高尔夫广告信息的创意可通过多种渠道获得，如顾客、经销商、专家以及竞争者都是高尔夫俱乐部可以利用的途径。

2. 广告信息的评价与选择

高尔夫俱乐部必须依据三方面的标准来评价广告的吸引力。首先，广告信息应该是有意义的，能够向客户说明俱乐部所提供的利益是他们所期待和感兴趣的；其次，广告信息要有特色，能反映俱乐部与竞争者之间的差别；最后，广告信息要具有可信度。

3. 广告信息的实现

广告的效果取决于它在信息中说些什么和怎样说，广告的最终目的就是通过某种方式来赢得目标市场的注意和关注。广告必须以一种适当的风格、音调、文字和形式进行。

（四）广告媒体决策

媒体决策主要包括：确定广告的覆盖面、播出频率、依照不同媒体划分的广告种类和确定媒体的利用时间。

1. 根据广告的覆盖面、频率和影响力选择媒体

为了选择媒体，高尔夫俱乐部必须决定用什么样的广告覆盖面和频率来达到广告的目标。覆盖面是指在特定时间内目标市场人口中触及到该广告宣传的人口的相对比率。频率是一个测定目标市场中的普通个人接触到该广告信息的次数的指标。

2. 依照不同媒体划分的广告种类

广告媒体是指传递广告的工具。在我国，依照不同媒体划分的广告主要有以下几种：

视听广告：通过电台、电视、电影、幻灯、广播等媒体传递的广告，称为视听广告。

印刷广告：通过报纸、期刊、印刷品等媒体传递的广告，称为印刷广告。

户外广告：在街头、建筑物、车站、码头、体育场（馆）、展览馆、旅游点等公共场所，按规定允许设置或张贴的路牌、霓虹灯、招贴等广告形式，称为户外广告。

图 3-4

交通广告：在车、船、飞机内设置或张贴的广告，称为交通广告。

售点广告：在商店、商品橱窗内设置的广告，称为售点广告。

邮寄广告：通过邮政直接投递企业介绍、产品说明书等函件，称为邮寄广告。

新媒体时代下的广告种类

（1）微信；

（2）微博；

（3）二维码；

（4）其他新手段。

3. 决定媒体的时间安排

高尔夫俱乐部要对一年当中的广告时间进行决策。对于高尔夫俱乐部来说，有效的广告取决于俱乐部对客人所在地和客人预订习惯的充分了解。大多数高尔夫俱乐部的广告都是有季节性的。

（五）广告评估

广告效果的评估就是运用科学的方法来鉴定所做广告的效益。广告效益包括三方面：一是广告的经济效益，指广告促进产品和服务销售的程度和企业的产值、利税等经济指标增长的程度；二是广告的心理效益，指客户对所做广告的心理认同程度和购买意向、购买频率；三是广告的社会效益，指广告是否符合社会公德。

广告效果的测定方法有很多种，可按不同的标准分类。

1. 以广告发布时间为界分类

可以分为预审法和复审法。预审法是广告制作完成以后，在媒体发布以前所进行的广告效果测定和相应分析。复审法是广告发布以后，为了分析广告效果，调整广告策略而进行的测量广告效果的方法。

2. 以具体操作工具的不同分类

可以分为统计法、实验法、历史法、评分法、邮寄法、问答法、机械法、采访法、媒体组合法等许多具体操作手段。

一家高尔夫俱乐部通过广告促销，品牌知晓增加20%，品牌偏好增长10%，这会产生什么样的销售效果呢？广告的销售效果通常比宣传效果更难衡量。除了广告外，销售还要受到诸多因素的影响，如产品形象、价格和获取的渠道等。

【实训练习】

实训项目

杨昊所在的俱乐部开业了，为扩大俱乐部的知名度，宣传球场，请同学们为他进行广告创意策划；并制定一套完整的广告战略、策略、媒体计划及具体的行动方案，撰写完整的广告策划方案。

实训目标

1. 培养学生策划广告的能力；
2. 训练学生掌握撰写广告策划文案的方法技巧。

实施过程

1. 让学生以团队为单位，为杨昊所在的俱乐部，确定宣传目标、编制预算情况；

2. 每个团队在确定宣传目标、编制预算情况的基础上，进行广告策划方案；

3. 每个团队将制订的广告策划方案制作成 WORD 文档，并用演示 PPT 的形式进行汇报。

实训考核

1. 策划方案的格式、内容及技巧（40%）；

2. 团队成员讨论、发言、汇报的参与度（30%）；

3. 团队成员的协作性（30%）。

【作业与思考】

高尔夫广告在高尔夫俱乐部营销中具有哪些重要作用？

参考文献

[1] 李冬芹，张幸花. 推销与商务谈判［M］. 大连：大连理工大学出版社，2010.

[2] 吴义强，简玉刚. 客户服务实务［M］. 大连：大连理工大学出版社，2012.

[3] 张晓青，高红梅. 推销实务［M］. 第2版. 大连：大连理工大学出版社，2009.

[4] 刘培艳. 市场营销策划实务［M］. 大连：大连理工大学出版社，2012.

[5] 马宗仁. 现代高尔夫科学经营管理学［M］. 天津：天津科学技术出版社，2008.

[6] 吴克祥，袁铁坚. 高尔夫球会管理［M］. 天津：南开大学出版社，2012.

[7] 周华庭，陈冬祥. 高尔夫市场营销实务［M］. 长沙：湖南人民出版社，2013.

[8] 李夏生，纪孝清. 推销实务［M］. 北京：化学工业出版社，2009.

[9] 严一冰. 50个打动人心的营销技巧［M］. 北京：海潮出版社，2008.

[10] 张晓青，高红梅. 推销实务［M］. 大连：大连理工大学出版社，2007.

[11] 邱少波. 现代推销技能［M］. 上海：立信会计出版社，2005.

[12] 钟立群. 现代推销技术［M］. 北京：电子工业出版社，2005.

[13] 杨群祥. 商务谈判与推销［M］. 大连：东北财经大学出版社，2005.

[14] 付晓明. 超级销售细节训练［M］. 北京：北京科学技术出版社，2004.

［15］易开刚. 现代推销学［M］. 上海：上海财经大学出版社，2004.

［16］倪政兴. 如何成为推销高手［M］. 成都：西南财经大学出版社，2003.

［17］陈企华. 最成功的推销实例［M］. 北京：中国纺织出版社，2003.

［18］牛海鹏，屈小伟. 专业销售［M］. 北京：企业管理出版社，1998.

［19］侯铁珊. 推销原理与技巧［M］. 大连：大连理工大学出版社，1994.

［20］海因兹·姆·戈德曼. 推销技巧——怎样赢得顾客［M］. 北京：机械工业出版社，1991.

图书在版编目(CIP)数据

高尔夫俱乐部产品营销/董德杰主编.-北京：人民体育出版社，2015
ISBN 978-7-5009-4754-7

Ⅰ.①高… Ⅱ.①董… Ⅲ.①高尔夫球运动-俱乐部-市场营销学-高等职业教育-教材 Ⅳ.①G849.3-05

中国版本图书馆 CIP 数据核字(2014)第 304056 号

*

人民体育出版社出版发行
北京京华虎彩印刷有限公司印刷
新 华 书 店 经 销

*

787×1092 16开本 15印张 265千字
2015年10月第1版 2015年10月第1次印刷
印数：1—500 册

*

ISBN 978-7-5009-4754-7
定价：40.00 元

社址：北京市东城区体育馆路8号（天坛公园东门）
电话：67151482（发行部） 邮编：100061
传真：67151483 邮购：67118491
网址：www.sportspublish.com

（购买本社图书，如遇有缺损页可与邮购部联系）